디자이너의
접근법;

새로고침

디자이너의 접근법; **새로고침**

디자인적으로 사고하고
디자이너의 방식으로 새로운 시대에 대처하고
디자이너의 관점으로 자기 일을 개척하는 법

이상인 지음

Contents …

Chapter 1

세상의 변화, 그리고 디자이너의 시선

Chapter 2

세상의 변화를 선도하는 디자인

Chapter 3

프로세스와 시스템으로 디자인하기

머리말.

새로고침

미식을 좋아한다. 맛있는 음식을 즐기는 것이 인간의 기본 욕구이기 때문도 있지만, 재료와 조리법을 어떻게 다루느냐에 따라 무궁무진한 요리가 탄생한다는 점이 디자이너로서 요리에 큰 매력을 느끼게 한다.

우리가 아는 현재 서양 음식의 근원은 프랑스 요리다

14세기 후반 프랑스의 궁전 요리사였던 기욤 티렐(Guillaume Tirel)은 르 비앙디에(Le Viandier)라는 프랑스 최초의 요리책을 냈다. 이

책에 의하면 중세의 궁전 요리는 우리가 아는 지금의 서양 요리와 많이 달랐고 한다. 왕이나 귀족은 그들의 지위와 권력을 뽐내기 위해 식사를 하다보니, 맛보다 화려함에 치중한 많은 양의 요리를 테이블에 쌓아 놓고 먹었다. 이후 미식가였던 루이 14세의 영향으로 궁전 요리는 한 단계 성장하게 되었으며, 프랑스 혁명은 이러한 상류층의 요리가 민간으로 확산되는 계기가 되었다. 이 시기 최초의 세계적 요리사가 등장하는데 그의 이름은 마리 앙투안 카렘(Marie-Antoine Carême)이다. 나폴레옹의 요리사 출신으로 영국과 러시아 황실에서 모셔갈 정도였으며, '요리사의 왕'이라 불렸다.

하지만 진정한 서양 요리, 그리고 레스토랑의 기초를 닦은 사람은 오귀스트 에스코피에(Georges Auguste Escoffier)다.

그는 1903년 프랑스 요리를 집대성한 〈르 귀드 퀼리네르(Le guide culinaire)〉라는 프랑스 요리의 성경과도 같은 책을 출판했다. 이를 기점으로 프랑스 요리는 기름진 고기 위주로 거창하게 만들던 고전 요리를 끝내고 재료 본연의 맛을 살리는 누벨 퀴진(Nouvelle Cuisine)으로 진화한다. 그는 요리를 하나의 학문으로 체계화, 단순화, 형식화했다. 많은 요리를 레시피화하고 코스 요리의 기틀을 만들었으며, 과학적인 접근을 요리에 도입하기도 했다.

농축 토마토 통조림 연구를 체계적으로 진행한 것은 좋은 예다. 또, 현대식 주방 시스템을 창안했고, 전표 시스템과 요리사, 웨이터들의 복장 등을 개선하며 모든 것을 체계화했다. 그의 노력으로 인해 현재까지도 프랑스 음식은 미식가들이 손꼽는 최고의 음식이 되었고, 전 세계 여러 나라의 식문화에 지대한 영향을 주고 있다.

요리에 대한 천부적 감각이 있는 사람들은 분명 존재한다. 오귀스트 에스코피에 이전에도 마리 앙투안 카렘처럼 뛰어난 요리사들은 계속해 존재해 왔다. 하지만 사람의 뛰어남은 언제나 변수가 존재하며, 사람을 뒷받침할 수 있는 시스템이 없다면 현재의 수준을 대폭 상승시키거나 저변을 확장하는 일은 불가능에 가깝다.

디자인도 마찬가지다

실력이 뛰어난 디자이너는 계속해 나온다. 그리고 많은 사람들이 어떻게 디자이너 개인의 능력치를 향상시킬 수 있을지 고민한다.

이에 반해 디자인을 어떤 시스템과 프로세스를 통해 구축하고 소통하고 협업할 것인가에 대한 고민은 상대적으로 덜 이루어지는 듯하다. 한 명의 디자이너가 할 수 있는 일의 한계는 분명하다. 그래서 대부분의 디자인은 혼자가 아닌 팀과 조직이 함께한다. 여럿이 함께, 효율적으로 일하기 위해 디자인에도 체계와 형식이 필요하며, 뛰어난 디자이너의 존재 유무와 상관없이 계속해서 발전적인 결과물을 낼 수 있는 프로세스와 시스템이 중요하다. 시스템과 프로세스가 잘 갖춰진 조직일수록 뛰어난 디자이너는 더 큰 역량을 발휘할 수 있다.

'디자이너의 접근법; 새로고침'은 문화, 경제, 기술 분야에서 흥미로운 주제를 선정해 브랜딩과 사용자 경험 그리고 시스템 디자인 관점에서 바라보고 또 분석한 책이다. 책의 1장은 2021년에서 2022년으로 넘어가는 현재 산업 전반의 변화에 대한 생각을 적었고, 2장은 이러한 변화 속에서 디자인이 어떠한 역할을 하고 또 어떠한 영향을 줄 수 있는가에 대해 다뤘다. 그리고 마지막 3장은 이러한 세상의 변화 속에서 디자이너가 일하는 법에 대한 고찰을 담았다. 마이크로소프트에서 다년간 디자인 시스템을 실제 구축하며 얻은 관찰과 배움을 정리하면서 양질의 디자인이 단순히 디자이너 개인의 영감과 역량에 의해 탄생하는 것이 아닌, 잘 갖춰진 프로세스와 시스템을 통해 만들어진다는 점을 강조하고 싶었다. 조금은 전문적인 소재와 디테일이 들어가 있지만, 디자이너가 아닌 다른 분야에 종사하는 사람도 충분히 활용할 만한 내용들로 구성하고자 했다.

개인적인 탐구의 결과이자 현장에서 얻은 지식의 총합인 이 책이 독자 분들께 조금의 도움이라도 될 수 있기를 희망한다.

Chapter 1

세상의 변화,
그리고
디자이너의 시선

MZ세대는
MZ세대를 모른다

지난 몇 년간 한국 미디어를 휩쓴 단어 중 하나가 'MZ세대'이다. 특히 많은 언론과 전문가들이 혜성처럼 등장한 이 MZ세대를 반드시 알아야 한다고 강조했다.

MZ세대라는 단어는 밀레니얼(Millenial) 세대의 M과 Z세대(GenerationZ)의 Z가 합쳐진 단어다. 두 세대가 하나로 합쳐진 것인데, 이 두 세대가 지닌 다양한 차이점에 대한 고려는 배제된 채 20~30대 중반의 젊은 층을 통칭하고 싶어 하는 느낌이다. 이러한 접근법을 우리는 어떻게 봐야 할까?

세대의 구성

기본적으로 세대를 구분 짓는 세 가지 요소는 연령(Age)과 시기(Period) 그리고 출생 동기 집단 효과(Cohort)다. 비슷한 나이 대의 사람들이 여러 사회 현상(전쟁, 경제 성장, 민주화 등)을 경험하며 그들의 세대를 동기화하는 것이다.

한 세대를 분류하는 기간은 정의를 내린 문화권이나 집단에 따라 차이가 있지만 대략 10년에서 15년 사이이다. 한 세대를 무조건 연차로 나누기보다는 이들의 공통분모를 연결하는 과정에서 세대를 분류한다. 한 세대가 태어나 살아온 환경과 사회, 경제, 문화의 발전은 이들의 사고와 행동을 관통하는 일정한 패턴을 만들어 내고 이는 다른 한 세대와 다른 세대를 구분 짓는 요소로 작용한다.

보편적 기준에서 현재의 인류를 이루는 세대 구성은 다음과 같다.*

2차 세계대전의 종식과 함께 찾아온 폭발적 출산율 증

* 세대를 규정한 주체에 따라 약간의 차이는 있다.

가를 반영하는 이름을 지닌 베이비부머 세대(1940년대 중반에서 1960년대 중반 출생), 이들의 뒤를 이어 경제 성장을 견인했지만 이전 세대에 비해 상대적으로 낮은 출산율을 지닌(이 때문에 베이비버스트 세대라고도 불림) X세대(1960년대 중반에서 1980년 전 출생), 그레고리안 달력 기준 새 천년(2001년에서 3000년)을 연 세대라는 의미를 담은 밀레니얼(Millennial)로 불리는 Y세대(1980년 이후에서 1990년 중반 출생), 젠 지(GenZ) 혹은 주머(Zoomer)와 같은 이름으로 불리며 본격적인 사회 진출과 동시에 강력한 소비 주체로 떠오르는 Z세대(1990년 중반 이후에서 2010년 출생), 2010년 이후 출생부터 2020년 중반 출생까지인 알파(Alpha)세대.

이들 모두 그들이 지닌 환경적, 시대적 차이를 바탕으로 규정된 독립적인 세대다. 그런데 이 중 유독 밀레니얼과 Z세대의 구분에 대해 언론과 여론은 박한 모습을 보일 때가 있다. 그것의 단적인 표출이 MZ세대라는 표현이다.

1984년생으로 밀레니얼 세대의 대표 격인 마크 저커버그

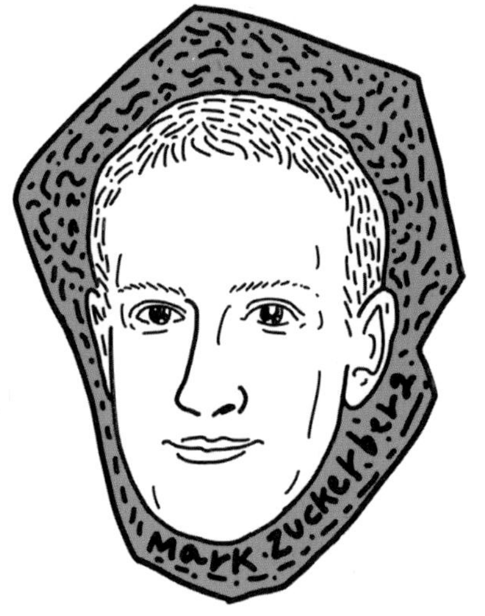

밀레니얼 세대와 Z세대는 비슷한 부분도 있지만, 확연히 다르다

밀레니얼 세대와 Z세대는 젊은 층이다. 미국의 경우(2020년 통계 기준) 밀레니얼 세대는 전체 인구의 25%를 차지하고 Z세대는 26%를 차지한다. 두 세대 모두 디지털 세상에 대한 이해도가 높고 활용이 자유롭다. 하지만 이러한 점들 외에는 너무나도 다른 특성을 지니고 있다. 일반적으로 밀레니얼 세대는 베이비부머 세대의 자손이고 Z세대는 X세대의 자손이다.

밀레니얼 세대는 성장하는 동안 글로벌 경제 성장(1990년 중반~2000년 중반 글로벌 경제 성장)을 경험했고, Z세대는 글로벌 경제 위기(2008년 서브 프라임 모기지 발 금융위기)를 경험했다. 그런 이유에서 밀레니얼 세대보다 Z세대가 현실적인 부분을 더 중시한다는 평이 있다.

밀레니얼 세대가 아날로그 세상에서 태어나 자라면서 디지털 생태계의 개척과 발전에 선도적인 역할을 한 세대라면, Z세대는 디지털 세상 속에서 네이티브로 태어나 그 어떤 세대보다 디지털 생태계를 잘 누리고 활용하는 세대다. 소비 측면에서도 밀레니얼 세대는 제품의 기능을 우선시하지만, Z세대는 기업의 철학을 선호하는 성향이 강하다. 정치적인 측면에서도 밀레니얼은 안정을, Z세대는 변화를 선호한다. 2019년 타임지가 올해의 인물로 선정한 환경 운동가 그레타 툰베리가 대표적이다.

이 외에도 나열하기 힘들 정도로 많은 부분에서 이 두 세대가 세상을 바라보고 대하는 태도는 차이가 있다.

전체 인구의 절반가량을 묶어 평균을 낸다면 무슨 의미가 있을까?

Z세대에 관한 내용만 담고 있지만, 의도적으로 MZ세대라고 칭함으로써 이것을 포괄적인 접근이라고 판단하는 사람들이 있다. 하지만 학문적 분석 혹은 비즈니스 프로젝트 진행을 위한 시장과 타깃 그룹의 설정은 디테일하고 정교할수록 좋다. 그런 측면에서 두 다른 세대를 뭉뚱그려 칭하는 MZ세대라는 용어는 심각한 오류를 내포한다.

두 세대의 인구를 합치면 2019년 한국 통계청 기준

2003년생으로, Z세대의 대표적인 인물인
그레타 툰베리의 모습

밀레니얼 세대 22.2%, Z세대 21.7%로 전체 인구의 절반에 가까운 숫자다. 즉, 인구의 절반을 한 세대로 분류한다는 의미이다. 이는 세대에 대한 올바른 정의를 방해하고 본질을 흐리는 잘못된 조어다.

당신이 생각하는 MZ세대의 개념에 밀레니얼 세대와 Z세대는 공감하지 못한다

앞서 언급했듯 세대 간의 특성은 다양한 측면에 걸쳐 찾을 수 있는 공통분모를 기준으로 정의를 내리고, 이를 일반화시키기 위해 어느 정도의 마진을 포함해 10년에서 15년 정도로 구분한다. 한마디로 앞선 베이비부머와 X세대처럼 말이다.

그런 만큼 본인의 입맛에 맞게 접시에 담아 먹는 뷔페 식당처럼 이 두 세대의 특성을 임의대로 규정하지 않았으면 한다. 그렇지 않으면 앞으로 새롭게 등장할 알파 세대와 베타 세대까지 합쳐서 'MZAB세대' 같은 괴상한 조어가 탄생할지도 모를 일이다.

이런 식의 접근은 본질을 파악하는 데에 방해만 될 뿐

이다. 어쩌면 '세대 구분'이라는 것 자체도 새로운 유형의 사람, 젊은이들을 하나로 묶어 취급하고 싶은 구태의연한 방식일지 모른다.

한 인터뷰에서 Z세대로 구분되는 20대가 말했다. "왜 Z세대라고 칭하는지 모르겠어요. 각자의 개성을 가진 개인을 구지 '세대'라는 말로 묶을 필요가 있나요?"라고.

개성화와 개별화가 2020년대를 사는 사람들을 표현하는 가장 중요한 키워드인 만큼, 세대의 구분은 과거만큼 큰 힘을 가지지 못하는 추세다.

일론 머스크의 원숭이가 디자인에 미칠 영향

'다크 시티(Dark City)'는 1998년에 알렉스 프로야스(Alex Proyas) 감독이 제작한 SF 영화다. 이 영화에서는 이방인으로 불리는 종족이 '튜닝'이라는 능력으로 생각만으로 사물을 움직이고 변형시킨다. 이를 통해 인간을 통제하고 연구하려 하지만, 결국엔 주인공 존 머독이 튜닝 능력을 얻어 이방인을 물리친다는 내용이다.

물리적 접촉을 통하지 않고 무언가를 움직이는 능력은 이처럼 많은 공상과학 영화나 소설의 단골 메뉴로 등장했으며, 이 능력이 지닌 힘은 예측하기 어려울 만큼 강력하다. 이 마법과 같은 일이 현실에서 발생한다면 어떤 느낌이 들까?

일론 머스크의 비즈니스 중 뉴럴링크(Neuralink)라는 회사는, 인간의 뇌에 칩을 이식해 질병 치료, 커뮤니케이션 향상, 특정 기능의 발전 등을 연구하는 곳이다. 많은 사람들이 사람의 뇌에 칩을 이식한다는 발상에 반감과 우려를 보이는 것도 사실이다. 뇌에서 이 기술이 오작동했을 때 사용자가 겪을 수 있는 피해와 그로 인한 트라우마는 인체의 다른 부분에 가해지는 것보다 훨씬 크기 때문이다.

하지만 일론 머스크는 이러한 부분들조차 충분한 실험과 기술의 발전으로 극복할 수 있다고 주장한다. 그리고 2021년 4월 8일 뉴럴링크의 유튜브 채널에 한 편의 영상이 올라온다.

영상의 제목은 '몽키 마인드 퐁(Monkey MindPong)'이다

영상에는 원숭이 한 마리가 등장한다. 자세히 보면 원숭이 머리 부분의 털이 칩 이식 수술을 한 이후라 완전하게 다 자라지 않은 것을 알 수 있다. 원숭이는 자신 앞에 놓인 스크린 앞에서 무언가를 열심히 하는 중이다. 자세히 보면 손으로 컨트롤러를 조작해 스크린 속의 공으로 박스를 맞추고 있다. 성공하면 바나나 주스를

뉴럴링크의 영상 속 원숭이

보상으로 받는다.

박스 움직임의 복잡성을 증가시켜가며 원숭이의 행동 패턴 범위를 늘리고 원숭이 뇌가 생성하는 전자적 패턴을 이식된 칩이 기록한다. 뉴럴링크는 이 기록된 패턴을 디코딩 함으로써 원숭이가 컨트롤러 없이 뇌파만으로 스크린 속의 작은 공을 조작할 수 있게 만들고, 나중에는 스크린 탁구를 생각만으로 완벽하게 할 수 있게 만들었다.

일론 머스크의 주장대로 이러한 기술이 인간에게 무해하면서도 더 정교한 기능을 수행할 수 있는 수준으로 발달한다면, 우리 생활의 패러다임이 다시금 바뀌는 촉매제가 될 것이다. 혁명적 기술이 발전을 거듭해 상용화에 성공하며 비즈니스 생태계를 송두리째 바꿔놓는 것을 우리는 많이 보아왔다. 어쩌면 뉴럴링크의 실험은 현재 경험하고 있는 스마트폰이나 전기차 혁명의 수준을 훨씬 뛰어넘을지 모른다.

인간과 기술을 이어주는 가교 역할을 하는 디자인에 이러한 변화는 어떤 의미로 다가올까?

'디자인'하면 아름다운 곡선을 지닌 제품 혹은 멋진 로고만을 연상할 수도 있을 것이다. 하지만 디자인은 심미적인 부분의 개선을 넘어, 기술과 데이터 그리고 심리적인 부분까지 아우르는 솔루션을 사용자에게 제공하는 것이다.

사람이 속한 다양한 배경(문화, 인종, 성별 등)에 따라 감각적인 것을 인지하고 이에 반응하는 데 차이가 존재할 수도 있다. 디자이너들은 이를 파악하고 개선하기 위해 사용자 테스팅과 리서치 등을 활용해 디자인의 사용성과 범용성을 높이며 프로덕트의 경쟁력을 높이기 위해 노력한다. 그러나 여기에는 근본적인 한계가 있다. 현재의 UX(사용자 경험)/UI(사용자 인터페이스)가 태생적으로 시각적 인지와 근육 및 신경의 반응에 의지하고 있다는 점이다.

때로 UX는 사용자가 미리 설계된 행동만을 하도록 유도하고, UI는 사용자 선택의 옵션을 박탈하기도 한다. 이 때문에 생각과 행동 사이의 의도치 않은 오역이나 불필요한 프로세스가 디자인에 의해 발생될 수 있는 것이다.

생각만으로 원하는 행동을 하거나 목적을 달성하는 방식은 중간 매개체(시각적, 물리적 장치)가 사라져, 사용자의 원하는 바를 높은 순도로 반영할 수 있다는 장점이 있다. 이런 접근법은 상황적 혹은 신체적 한계를 지닌 사용자를 돕는 어시스티브 테크놀로지(Assistive Technology, 보조 공학)에서 빠르게 적용될 수 있다.

과거 인텔(Intel)은 영국의 이론물리학자 스티븐 호킹(Stephen Hawking) 박사의 의사소통을 돕는 기술을 2년간 개발했다. 호킹 박사는 루게릭병으로 인해 몸 대부분의 근육을 사용할 수 없었지만, 안면 근육 일부를 움직일 수 있었다. 이 부위의 전기 시그널을 그의 안경에 부착된 센서를 통해 감지해 화면 속 인터페이스를 사용할 수 있게 하였고, 이를 더 효과적으로 할 수 있도록 스위프트키(SwiftKey: 움직임의 범위로 원하는 단어를 추측해 문자를 입력하는 방식)를 적용했다. 이 기술로 그는 이전에 의사소통을 위해 손으로 마우스를 움직이던 것보다 더 정교한 컨트롤이 가능해졌으며, 말하는 속도가 이전에 비해 두 배 빨라졌다.

이 정도만 해도 스티븐 호킹과 인류에 큰 도움이 되는

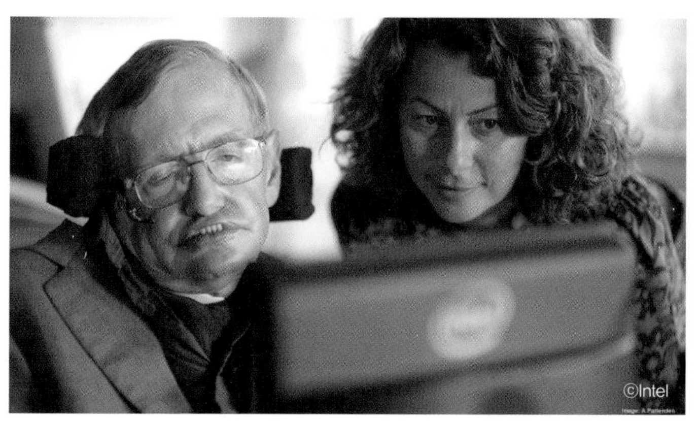

스티븐 호킹 박사를 돕는
인텔의 라마 나쉬먼(Lama Nachman)

발전이었을지 모른다. 하지만 그가 뉴럴링크의 기술을 활용할 수 있었다면 어땠을까? 창조적이고 뛰어난 그의 과학적 지식이 신체적 한계에 막히지 않았을 것이다. 이 기술은 신체적, 환경적 한계로 가능성의 제한을 받았던 많은 사람들에게 매우 유용하게 사용될 것이다.

다가오는 메타버스 세상에서 이 기술의 적용은 중요하다

다양한 세계관에서 신체나 장소의 구속 없이 살 수 있는 새로운 세상이 우리의 눈앞에 와 있다. 메타버스 세계와 현실을 이어주는 대표적인 연결 도구는 마이크로소프트의 홀로렌즈(HoloLens)나 페이스북의 오큘러스(Oculus) 같은 혼합현실 기기다.

현재 혼합현실 기기의 사용자 경험을 구축하는 데 가장 어려운 점은 바로 조작의 정확도다. 물론 전용 컨트롤러를 활용할 수 있지만, 크고 불편하다는 단점이 있고, 사용 방식의 한계도 있다.

이를 개선하기 위해 안면과 손 움직임 인식 기술 및 근

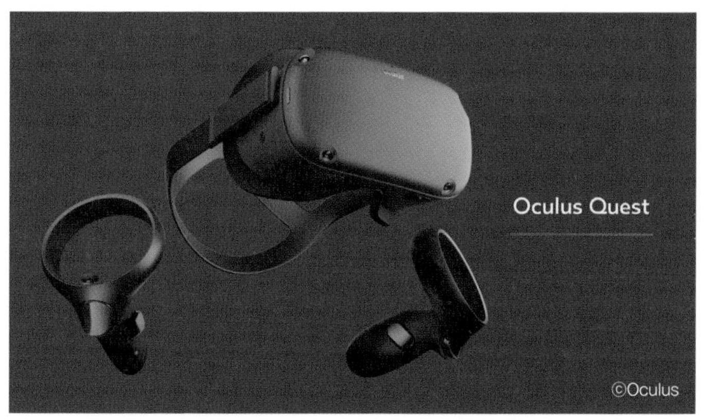

혼합현실 기기 오큘러스 기기의 모습

육의 전기 시그널 감지 기술 등으로 사용자의 불편을 해소하고자 노력하고 있지만, 한정적인 감각과 근육에 의지함으로써 생기는 조작의 한계를 완벽히 극복하기에는 어려움이 있다. 별도의 컨트롤러나 트래킹 없이 사용자의 생각만으로 원하는 조작이 가능해지는 시점이 오면 메타버스 속 사용자의 자유도는 현재와 비교하기 어려울 정도로 개선될 것이다.

인공지능 기술의 발달과 맞물려 이러한 디자인의 포커스 변화는 가속화될 것이다

인지적, 물리적 한계를 극복하고 나면, 디자인의 관점은 How(사용자가 어떤 방식으로 원하는 바를 이룰지)에서 What & Why(사용자가 어떠한 바를, 왜 원하는가)로 빠르게 진화하게 될 것이다. 이는 자동차의 자율 주행 기술의 발달에 따른 주행 방식의 발달을 보면 이해하기 쉽다.

자율 주행은 직접 운전 단계인 0단계부터 완전한 자율 주행 상태인 5단계까지 나뉜다. 0단계는 자율 주행 기능 자체가

테슬라의 오토파일럿

없어, 사용자 경험은 전적으로 자동차 핸들과 다양한 조작 버튼에 의지해야 한다. 목적지가 존재하고 그곳에 도달하기까지 수많은 매뉴얼 조작과 시각적 인지가 이루어져야 한다. 이 단계에서의 디자인은 어떻게 하면 운전자의 감각을 극대화할 수 있는가, 효율적으로 기기를 조작할 수 있게 하는가에 집중된다.

1단계 자율 주행은 차량 방향키 조정과 속도 조절 등의 아주 단순한 기능을 탑재한 것이다. 이 단계도 여전히 운전자의 신경과 근육의 움직임이 기기의 작동과 사용자의 안전까지 담당한다. 2단계 자율 주행은 쭉 뻗은 고속도로 같은 상대적으로 안전한 환경에서 운전자가 자율 주행 기술에 의존해 운전할 수 있고, 3단계부터 복잡한 상황에서도 자율 주행 기술에 의존하며 운전할 수 있게 된다. 이 3단계부터는 경험 디자인 측면에서 차량의 사용자를 운전자가 아닌 조력자로 보기 시작한다. 3단계 자율 주행에서 사용자는 적극적 운전이 아니라 운전의 보조 역할이기 때문에 사용자의 시선과 근육의 움직임이 차량 조작뿐 아니라 엔터테인먼트와 같은 즐길 거리로의 분산이 가능해진다.

4단계부터 차량의 사용자는 그저 감시자의 역할일 뿐이고, 5단계부터는 실제 운전과 관련된 어떠한 역할도 하지 않고,

가고자 하는 곳을 지정하기만 하면 된다. 뉴럴링크 기술의 상용화가 완벽한 자율주행의 상용화와 맞물리는 시점이 오면 차량의 호출부터 목적지 이동과 주차까지 모두 생각만으로 해결이 가능해지고, 차량의 자가 소유마저 의미가 없어질지 모른다.

판타지 세계관에서 사람들이 가장 동경하는 인물은 생각만으로 원하는 바를 현실화하는 마법사가 아닐까?

일론 머스크의 뉴럴링크가 공개한 원숭이 실험 영상이 놀라운 수준이라고 해서 지금 당장 우리가 생각만으로 차량을 호출해 이동할 수 있는 세상에 진입한 것은 아니다. 하지만 분명한 것은 기술의 발전이 상용화 시점에 접어들었을 때 가져올 파괴력은 엄청날 것이란 점이다. 이 기술의 안정성 문제가 해결되어 대중적 사용이 가능하게 된다면 인류는 판타지 세계의 마법을 얻게 될지도 모른다.

왜 페이스북은
메타버스에 돈을 쏟아붓나

페이스북은 최근 가장 많은 가상/증강 현실 기기를 발표한 회사다. 특히 오큘러스 퀘스트(Oculus Quest)는 증강현실 기기 중 최초로 대중적인 히트를 친 제품인데, 오큘러스 퀘스트 시리즈 1의 인기를 넘어 시리즈 2는 더 큰 흥행을 이어가고 있다. 그리고 2021년 10월 28일, 페이스북은 연례 발표 행사인 '커넥트(Connect)'에서 사명을 메타버스(Metaverse)에서 착안한 메타(Meta)로 바꾼다고 발표했다.

페이스북은 오랫동안 자사의 정체성을 온라인 소셜 네트워크 플랫폼이라고 밝혀왔다. 그런데 왜 가상/증강 현실 하드웨어 제품을 출시하고, CEO인 마크 저커버그가 '메타버스야말로 페

2021 페이스북 커넥트에서 마크 저커버그는 페이스북의 사명을 '메타(Meta)'로 바꾼다고 발표했다. 더욱 메타버스에 집중하겠다는 페이스북의 방향성을 보여준 것이다.

이스북의 미래'라고 밝히며 천문학적인 금액을 투자하는 것일까?

새로운 플랫폼 기업으로 도약하고자 하는 페이스북의 비전

현재 페이스북의 상황은 안팎으로 그리 좋은 편이 아니다.

미국 정치권에서는 빅테크의 독점적 행태에 브레이크를 걸고 있다. 그런데 마크 저커버그는 이에 한치도 양보 없이 맞받아치며 페이스북에게 부정적인 여론을 형성시켰다. 또, 내부고발자인 프란시스 하우겐(Frances Haugen)의 청문회 고발로 인해, 회사의 경영 방식과 기업 문화도 도마에 올랐다. 그래서 정치권과 일부 여론에서는 페이스북을 분사시켜 독점적 지위를 해체시키고 건강한 기업 문화 유지를 위해 시민사회의 감독 하에 두어야 한다고 주장한다. 이 여론이 현실이 된다면 페이스북은 리더십 교체를 포함한 대대적인 노선 수정 및 프로세스 개선 등이 이루어져야 할테니, 경영진 입장에서 마냥 달가운 상황은 아닐 것이다.

하지만 페이스북은 더 근원적이고 해결하기 어려운 문

제를 지니고 있다. 플랫폼이긴 하지만 다른 인프라스트럭처(기기, 하드웨어) 혹은 운영체제 위에서 구현되는 2차 플랫폼이기에, 1차 플랫폼과 인프라스트럭처에 의존도가 높다.

인터넷만 있으면 모든 기능을 사용할 수 있기에 다른 기업에 의존하는 것이 무조건 나쁜 것은 아니라고 생각할 수 있다. 하지만, 이번 애플과 에픽 게임즈의 소송(이 이야기는 뒤에서 좀 더 자세히 다루겠다.)을 들여다보면 문제점을 쉽게 이해할 수 있다. 애플이 완벽하게 앱스토어와 하드웨어를 장악하고 있는 환경에서 에픽 게임즈와 같은 게임 개발사들은 애플이 정해준 룰을 무조건적으로 따라야 하며, 반기를 들 경우 그 페널티는 엄청나다.

한편 플랫폼·하드웨어 업계에서 시장 선점과 확장의 기회를 놓치면 만회하기 매우 어렵다. 마이크로소프트도 윈도즈폰을 만들며 모바일 운영체제 시장에서 애플, 구글과 치열하게 경쟁했던 적이 있었다. 하지만 이에 들어가는 비용이 너무 커 모바일 운영체제 시장을 포기하며 한발 물러섰는데, 이는 후에 빌 게이츠가 스스로 가장 후회되는 결정 중 하나라고 밝힌 바 있다.

이처럼 현재 페이스북 플랫폼에 대한 대중들의 인식이 악화되고 있고, 플랫폼으로서의 불안한 포지셔닝 때문에 페이스북은 본인들이 언젠가는 사람들을 연결하는 세계 최고의 플랫폼의 지위를 잃게 될까 불안해 하고 있다. 그렇기 때문에 새로운 시장, 새로운 사용자, 새로운 플랫폼에 대한 연구와 진출에 막대한 자금을 투자하는 것이다. 특히 그들이 사활을 걸고 있는 조직인 페이스북 리얼리티 랩(Facebook Reality Lab)은 메타버스 시장을 선도하려는 비전을 실행에 옮기고 있다.

현재 메타버스 시장의 양대 산맥은 마이크로소프트와 페이스북이다

이 둘은 지향점이 같을지라도 시작점과 전개 방향은 반대다. 마이크로소프트는 그들이 가장 잘 알고, 잘 하는 B2B 시장을 필두로 성장 중이다. 정부나 기업에서 활용할 만한 기능을 탑재한 기기와 소프트웨어를 주로 만들어, 국방부나 나사(NASA) 혹은 자동차나 항공기 조립 등의 업무에 투입한다. 기기의 성능도 가능한 선에서 최상으로 맞춰, 가격대가 대당 3,500달러 수준으로 상당히 높은 편이다. 물론 일반 대중에게는 부담스러운 가격이지만 B2B 기준에서는 나쁘지 않은 가격이다. 마이크로소프트는 B2B를 기반으로 이 기술을 발전시키고 시장을 형성시킨 후 차근차근 B2C 영역으로 진출하겠다는 계획이다.

반대로 페이스북의 오큘러스는 철저하게 일반 대중을 먼저 공략하는 제품이다. 마이크로소프트처럼 페이스북도 자신들이 가장 잘 이해하고 활용 가능한 일반 사용자를 공략한다. 일반 사용자가 무엇을 좋아하는가를 기반으로 소프트웨어와 하드웨어를 만든다. 가장 중심적인 기능과 카테고리는 게임과 엔터테인먼트고, 이를 충분히 소화할 수 있는 수준의 기기를 저렴하게(299달러)에 판매한다. 기기 한 대를 판매해 수익을 내는 구조가 아닌, 시장을 확장시켜 큰 수익을 내려는 전략이다. 합리적 가격 책정으로 현재까지 450만 대가 넘는 판매량을 달성했고 이를 통해 가상 현실 플랫폼으로서의 대중적 입지를 탄탄하게 다졌다.

이러한 대중적 기반 위에 B2B 영역마저 넘보기 시작했는데, 호라이즌 워크룸스(Horizon Workrooms)같은 가상 현실 협업 툴이 대표적 예다. 이 업무용 서비스를 통해 물리적으로 멀리 떨어져 있어도 한 공간 안에서 함께 작업하는 듯한 경험을 선사한다.

페이스북은 여기서 멈추지 않고 레이밴과의 협업을 통

호라이즌 워크룸스 화면

해 증강현실 글라스를 시장에 내놓았다.

증강현실 글라스는 구글(Google), 스냅챗(Snapchat), 매직 리프(Magic Leap) 등이 이미 발매된 적 있으나 크게 성공을 거두지 못했다. 빈약한 기능과 콘텐츠뿐 아니라 평소에 쓰고 다니기 민망한 수준의 하드웨어 디자인이 문제였다. 하지만 이번에 페이스북은 이 문제를 상대적으로 가장 잘 해결한 제품을 내놓았다. 자세히 들여다보지 않으면 일반 선글라스와 차이가 거의 없는 디자인이고, 사용자 경험도 크게 복잡하지 않다. 또, 일반적으로 골전도 스피커 기능이 장착된 선글라스의 가격대가 250달러 정도인 것을 감안하면, 더 많은 기능이 추가된 페이스북 증강현실 글라스의 가격(299달러)은 매력적이다. 이 글라스를 통해 사진, 동영상, 동시 통역 등을 유용한 기능을 사용할 수 있다. 물론 사진과 영상의 퀄리티가 스마트폰에 비해 크게 뒤처지고, 모바일 앱에 비해 활용할 수 있는 콘텐츠도 제한적이다. 하지만 대부분 플랫폼의 초창기의 모습이 그렇듯, 사람들은 기능적 한계에 좌절하기 보단 이 플랫폼을 통해 만들어 낼 수 있는 미래의 가능성에 기대하는 것이다.

스마트폰의 발전이 그랬듯 데스크탑이나 태블릿 PC와 같은 다른 하드웨어와 가상/증강 현실 기기 사이의 경계도 무너질 것이다. 그때가 되면 가상/증강 현실 기기가 스마트폰을 대체하는 순간도 볼 수 있을 것이고, 이를 통해 페이스북은 다른 플랫폼과 인프라스트럭처에 대한 의존도를 대폭 줄일 수 있는 환경을 만들 수 있다.

하지만 전 세계 사람을 연결한다는 페이스북의 기본 전제는 여전히 중요한 가치이고, 미래에도 그럴 것이다. 그래서 페이스북의 변화와 행보가 더욱 주목된다. 물론 비즈니스를 확장하기 이전에 운영적 측면에서 문제가 있거나 도덕적인 부분에서 개선해야 할 부분이 있다면 플랫폼의 종류와 사이즈에 상관없이 반드시 개선해야 할 것이다. 페이스북이 과연 현재 겪고 있는 성장통을 가상/증강 현실로의 도전을 통해 진화의 변곡점으로 만들 수 있을지 기대가 된다.

엑스박스가 플레이스테이션과 경쟁하는 이유

2020년 연말 게임 업계는 몇 년에 한 번씩 펼쳐지는 소니와 마이크로소프트의 콘솔 대전으로 뜨거웠다

소니의 야심작 플레이스테이션(PlayStation) 5와 엑스박스(Xbox) 시리즈 X는 예상대로 치열한 승부를 벌였다. 2000년대 이후 현재까지 업계 1위 자리를 굳건히 지켜온 소니(SONY)와 엄청난 자금력으로 빠르게 추격해 온 마이크로소프트의 대결은 스페인 축구 리그 프리메라리가를 대표하는 두 팀인 바르셀로나와 레알 마드리드의 승부만큼 뜨겁다. 게임을 하지 않는 사람이나 게임 전용 하드웨어(콘솔)로 게임을 즐기는 사람이 아닌 경우 크게 흥미로운

마이크로소프트의 신형 엑스박스.
(좌)시리즈 S, (우)시리즈 X

주제가 아닐 수 있지만, 현재 게임 시장에서 벌어지는 일들은 차세대 클라우드 시장의 판도를 바꿀 중요한 변곡점일 수 있으니, 주목할 필요가 있다.

미국 비디오 게임의 역사는 나름 유서가 깊다

1세대 아케이드 게임기 퐁(Pong)과 게임기의 대중화를 이끈 2세대 아타리 2600(Atari 2600)는 모두 미국에서 출시된 게임기였다. 하지만 3세대 게임기를 대표하는 '닌텐도(Nintendo)'가 등장하며 미국은 게임 시장의 패권을 일본에 넘겨준다. 패미콤(Famicom)과 함께 우리에게도 익숙한 게임 캐릭터 '슈퍼 마리오'가 등장하면서 게임 업계에서 일본은 중요한 존재로 자리 잡는다.

4세대 게임기인 슈퍼패미콤(Super Famicom)을 거쳐 5세대로 넘어가며 일본 게임기 업계에 새로운 강자가 등장한다. 전자회사 소니(SONY)다. 소니는 1994년 콘솔 게임기 플레이스테이션(PlayStation)을 내놓고, 이는 선풍적인 인기를 끈다. 플레이스테이션이 전 세계 최고의 콘솔 게임 자리를 차지한 이후로 닌텐도 위

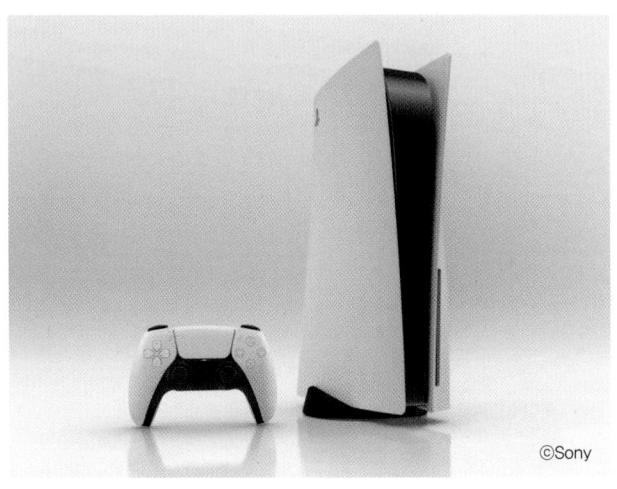

소니 플레이스테이션 5

(Wii)와 마이크로소프트의 엑스박스 시리즈의 도전이 계속되고 있지만, 현재까지 게임 업계의 왕좌 자리는 바뀌지 않았다.

마이크로소프트가 게임 시장에 관심을 가진 건 어제오늘 일이 아니다

역대 모든 소프트웨어를 통틀어 마이크로소프트의 윈도즈(Windows)보다 일정 기간 동안만이라도 많이 팔린 소프트웨어를 찾기란 쉽지 않다. 하지만 1993년 출시된 전설의 슈팅 게임 '둠(Doom)'은 1995년 말 윈도즈95의 판매량을 넘어설 정도로 인기 있는 소프트웨어였다. 이것을 보고 게임 시장의 가능성을 높이 평가한 빌 게이츠(Bill Gates)는 둠의 제작사인 아이디 소프트웨어(id Software) 인수를 추진하기도 했다. 이후 2000년대에 들어 마이크로소프트는 엑스박스(X-box) 1세대를 출시하며 본격적으로 게임 업계에 진출한다.

론칭 초기 엑스박스는 빈약한 게임 종류와 인지도 부족 등의 이유로 순항하지 못했지만, 꾸준한 투자를 바탕으로 엑

마이크로소프트 창업자 빌 게이츠

스박스360, 엑스박스 원(One) 등 시리즈를 출시하며 플레이스테이션의 아성을 위협하는 수준이 되었다. 마이크로소프트는 게임 제작사 인수에도 공격적이다. 2014년 25억 달러(당시 약 2조 5천억 원)를 들여 역대 가장 많이 팔린 비디오 게임인 마인크래프트(Minecraft)를 인수했으며 2021년 75억 달러(약 9조 원)를 투자해 폴아웃(Fallout) 시리즈 같은 메가 히트작을 여럿 보유하고 있는 게임사 제니맥스 미디어(ZeniMax Media)를 인수하기도 했다. 마이크로소프트는 앞으로도 계속 게임사를 인수하겠다는 입장이다.

마이크로소프트는 왜 이토록 게임 분야에 공격적인 투자를 하는 걸까?

마이크로소프트는 게임 시장 장악을 바탕으로 클라우드 경쟁에서 승기를 잡겠다는 계획이다

현재 소니와 마이크로소프트 모두 게임기를 판매함으로써 얻을 수 있는 수익은 크지 않은 편이다. 사실 콘솔 게임기의 가격은 거기에 들어가는 하드웨어 성능과 물가 상승률을 고려해 보았을 때

오히려 저렴한 편이다. 두 회사 모두 플랫폼 싸움에서 뒤처지지 않기 위해 저가 정책을 유지 중이기 때문이다.

특히 이번에 출시된 엑스박스X는 500달러 정도의 가격임에도 불구하고, 12 테라플롭의 GPU 성능을 지니고 있다. 이 정도의 성능을 지닌 RTX 2080 Super 그래픽카드의 가격이 1,000달러 정도인 것을 감안하면 시리즈 X의 콘솔 가격은 비슷한 성능의 그래픽카드 하나의 가격보다 저렴한 것이다.

게임을 즐기기 위해
게임 콘솔이 반드시 필요하지는 않다

요즘은 구형 게임 콘솔의 능력을 뛰어넘을 정도로 좋은 스마트폰 기기가 이미 사람들 손 안에 있고, 대부분의 개인용 PC도 게임 전용 콘솔의 성능에 견주어 전혀 떨어지지 않기 때문에 게임을 즐기기 위해 반드시 게임 콘솔이 필요하지는 않다.

끊김 없는 화려한 그래픽을 높은 사양으로 즐기기 위해서는 콘솔이 여전히 좋겠지만, 이 부분은 클라우드 기술이 더 발달할 미래에는 큰 장벽이 되지 않을 것이다. 이제는 클라우드 기반으로 게임을 할 때 로컬 하드웨어에서 게임을 구동시키는 것이 아니라 클라우드 서버에서 게임의 프로세싱까지 마친 상태로 그래픽만 디스플레이에 전송하는 방식으로 진화하고 있기 때문이다. 그러므로 앞으로는 하드웨어 자체의 성능보다 클라우드, 5G, 초고속 인터넷망 구축이 게이밍 환경에 더 큰 영향을 줄 것이다.

마이크로소프트는 구독형 게임 서비스 모델인 '게임 패스(Game Pass)'를 통해 어떤 디바이스에서도 끊김 없이 빠르게 게임을 즐길 수 있는 클라우드 베이스 게임 생태계 구축에 엄청난 투자를 하고 있다. 게임 패스를 통한다면 수백 개의 게임을 스마트폰, PC 게임 콘솔을 가리지 않고 원하는 곳에서 언제든지 플레이할 수 있다.

기기나 게임을 하나 팔 때마다 이득을 챙길 수 없는 게임 콘솔의 유통보다 게임 패스 같은 클라우드 구독 서비스가 수익성이 더 높은 사업이다. 이러한 이유로 내로라하는 클라우드 업체들이 모두 게임 부문에 엄청난 투자를 하고 있다. 애플의 아케이드(Arcade), 구글의 스태디아(Stadia), 아마존의 루나(Luna) 그리고 엔비디아의 지포스 나우(Geforce Now) 등이 이미 이 전쟁에 뛰어들었다. 그러나 개발에 들어가는 비용이 높을 뿐아니라, 성공에 대한 보장도 없어 구글이나 아마존 같은 IT 공룡조차 이렇다 할 성과를 내지 못하고 있다.

'게임'이라는 형식이 가진 가능성에 주목

모든 게임이 당장 클라우드 베이스로 전환되거나, 게임 콘솔들이 이번 시리즈를 마지막으로 명맥이 끊기지는 않을 것이다. 하지만 서서히 콘솔 게임의 자리는 좁아질 것이고, 게임 전용 하드웨어는 게임을 즐기기 위한 유일한 수단에서 다양한 선택지 중 하나로 바뀌게 될 것이다.

그러나 게임 개발을 위해 사용되는 3D기술, 캐릭터 개발, 스토리텔링 등의 기술은 여전히 큰 가능성을 가지고 있다. 의료용, 산업용 혹은 교육용 콘텐츠 개발에 바로 활용할 수 있기 때문이다. 이미 마이크로소프트의 혼합 현실 사업인 '홀로 렌즈'는 게임 기술을 적용하여 큰 시너지 효과를 내고 있다. 이처럼 게임 시장을 장악하는 것은 더 크고 가능성 있는 분야로 나아가는 교두

보가 될 수 있기에 당분간 IT 공룡들의 게임 분야 투자는 계속될 것으로 보인다.

슈퍼 을이 뭉치면
애플을 이길 수 있을까?

사용자의 의지에 따라 여러 세계관과 정체성을 골라서 접속하는 다중 세계관, 메타버스(Metaverse)는 요즘 대중의 관심이 집중된 분야다. 메타버스 세계에서 인기 있는 플랫폼 중 하나가 포트나이트(Fortnite)다. 마치 영화 '레디 플레이어 원(Ready player one)'처럼 게임 세상에 접속하는 순간 다른 자아로 완전히 색다른 삶을 즐길 수 있어 세계적으로 많은 이들이 이 게임을 즐긴다.

Z세대의 압도적인 지지를 받고 있는 포트나이트는, 가상 공간에서 친구들과 함께 슈팅 게임을 즐길 뿐 아니라, 쇼핑도 하고 콘서트도 관람한다. 얼마 전 힙합 뮤지션 트레비스 스캇(Travis Scott)이 이곳에서 버추얼 콘서트를 열어 큰 화제를 불러일

포트나이트 게임 캐릭터

으키기도 했다.

그런데 이 회사가 요즘 가상이 아닌 현실 세계에서 큰 싸움을 벌이고 있다. 심지어 상대는 시가총액 2조 달러가 넘는 자타 공인 전 세계 최고의 회사 애플(Apple)이다.

애플과의 싸움에서 먼저 총성을 울린 쪽은 포트나이트의 모회사인 에픽게임즈(Epic Games)다

애플의 앱스토어를 사용하려면 애플이 정해 놓은 약관을 이행해야 하는데, 여기에 '앱에서 발생하는 수익의 30%를 애플이 수수료로 가져간다'는 조항이 있다. 2020년, 에픽 게임즈는 이 수수료가 너무 과도하게 책정되어 있다며 이의를 제기했다. 그리고 아이템 구매 시 30% 수수료가 붙는 애플 앱스토어* 대신 수수료가 없는 포트나이트 자체 스토어를 통해 아이템을 구입하는 사용자에게는 할인 서비스를 제공했다.

* 애플 앱스토어에서 아이템을 구매하는 In-App purchase 형태

애플의 1984 광고를 패러디한 에픽게임즈의 영상.
한때 반항과 혁신의 아이콘이었던 애플이 지금은 구태의
아이콘이 되었다며 조롱하는 의미가 담겨 있다.

애플 측에서는 이를 앱스토어 규정 위반으로 보고, 앱스토어에서 포트나이트 앱을 삭제하는 강경 조치를 취했다. 전 세계 3억 5천만 사용자를 지닌 앱을 퇴출하는 것이 애플 입장에서 큰 손해라는 것은 자명하지만, 다른 서비스들이 이러한 움직임에 동참한다면 더 큰 손실을 야기할 수 있기에 포트나이트를 일벌백계하겠다는 모습이었다. 사실 이때만 해도 많은 이들이 에픽게임즈가 놀라 투항할 거라 예상했다.

하지만 포트나이트는 기다렸다는 듯이 소송전을 전개했고, 애플의 전설적인 광고인 '1984 매킨토시' 광고를 패러디한 영상을 유튜브에 올렸다. 이 영상은 '애플은 더 이상 과거의 애플이 아니다. 이제 빅브라더*가 되어 모두를 통제하는 존재가 되었다'는 메시지를 담고 있다.

여태껏 애플의 정책에 이렇게까지 강력하게 문제를 제기한 회사는 없었고, 신경전 수준을 넘어 대규모 전면전이 펼쳐진 상황에 사람들은 폭발적인 관심을 보였다.

* 1949년에 발표된 조지 오웰의 소설 〈1984〉에서 감시자를 지칭하는 용어. 정보를 독점함으로써 사회를 감시 · 통제하는 권력이나 사회체계를 뜻한다.

2022년을 바라보고 있는 지금까지도 이들의 전쟁은 진행형이다

에픽게임즈의 CEO 팀 스위니(Tim Sweeney)는 애플의 이러한 정책에 불만을 가진 여러 기업들과 연합했다. 음악, 미디어 스트리밍 서비스를 하는 스포티파이(Spotify), 비즈니스솔루션 소프트웨어 개발사 베이스캠프(BaseCamp), 틴더(Tinder)를 비롯한 데이팅 어플리케이션을 개발하는 매치 그룹(Match Group) 등과 'Coalition for App Fairness'라는 어플리케이션의 공정성을 위한 연합을 조직해 애플에 맞섰다. 이들은 '애플의 앱스토어 정책이 사실상의 시장 독점이고, 그들의 과도한 수수료 책정은 개선되어야 한다'며 압박했다.

아마존(Amazon)도 에픽게임즈의 편을 들어주는 모양새다. 포트나이트는 아마존 웹 서비스(AWS)의 서버를 사용하고 있기에 천문학적인 금액을 지불하는 최우수 고객의 편을 들지 않을 수 없는 처지이기 때문이다.

미국에서 시장 독점 이슈는 대기업들이 가장 두려워하는 부분이다. 독점 기업으로 낙인찍히는 순간 여러 법적, 행정적

애플의 앱스토어와 다양한 어플리케이션들

제재가 뒤따르고, 최악의 경우 사업을 분할해야 할 수도 있기 때문이다.

애플은 '앱스토어의 관점이 아닌 게임 산업 전체의 관점에서 봐야 한다'고 주장한다. 스마트폰 게임은 게임 시장 전체에서 보면 극히 일부에 해당하기 때문에 시장 독점으로 볼 수 없다는 것이다. 앱스토어와 이를 통한 수익 창출 시스템을 만들기까지 엄청난 노력과 자본을 투자한 애플 입장에서 지금의 상황에 대해 억울함을 느낄 수 있는 부분이기도 하다.

에픽게임즈의 자신감은 그들의 천문학적인 수입에 기인한다

그동안 애플의 앱스토어 정책에 반발심을 가지고 있는 기업은 많았다. 그러나 누구도 '감히' 애플에 대적하지 못했다. 지금 에픽게임즈가 보이는 자신감의 근원은 무엇일까?

발표에 따르면 포트나이트는 2018~2019년 2년간 무려 90억 달러의 수익을 올렸고, 2020년에도 50억 달러 이상의 수익을 낸 것으로 추정된다고 한다. 본격적인 메타버스 시대가 도래하면서 이들의 수익은 계속 증가할 것으로 보인다.

이미 포트나이트는 지적 재산권(IP) 계의 최강자 마블(Marvel)과 디씨(DC)의 히어로들이 라이선스 걱정 없이 합법적으로 함께 어울릴 수 있는 공간이며, 많은 상품의 출시 이벤트, 콘서트 등이 끊임없이 열리는 공간이기도 하다. 이러한 에픽 게임즈의 성공적 비즈니스 모델과 긍정적 미래 전망을 바탕으로 올해 4월 소니(Sony)로부터 18억 달러 기업가치 평가를 받아 2억 5천만 달러 투자도 받았다.* 말 그대로 '돈을 찍어내고 있는' 회사인 만큼, 애플과 전면 소송전을 불사할 정도로 여유가 있다.

* 에픽 게임즈는 기어 오프 워(Gears of war)라는 또 다른 메가 히트 게임 시리즈도 가지고 있다.

플랫폼 회사와 콘텐츠 회사의 갑을 관계, 뒤집힐까?

에픽게임즈가 애플을 이기고 앱스토어의 수수료 정책을 바꾸게 된다면 그 자체로 엄청난 상징성을 지닐 것이다. 흔히 엄청나게 많은 사용자를 보유한 플랫폼 회사를 '갑', 창작물을 가지고 그 플랫폼에 들어가는 콘텐츠 회사를 '을'의 입장에 비유한다. 그런데 포트나이트는 플랫폼 회사가 되어가는 콘텐츠 회사라는 점에서 남다르다. 포트나이트를 단순히 게임 콘텐츠로 정의할 수는 없다. 게임 유저뿐 아니라 다양한 콘텐츠를 즐기기고자 하는 이들이 모여들어 이미 하나의 소셜 플랫폼이 되었기 때문이다.

에픽게임즈 CEO 팀 스위니는 '앞으로의 재판에서 한바탕 불꽃놀이(Fireworks)를 기대해도 좋다'고 이미 밝혔다. 슈퍼을과 슈퍼 갑의 대결이 시장의 판도를 바꾸는 결과를 가져올지 지켜볼 일이다.

내 손 안의
스마트폰으로 투표하는
대통령 선거

팬데믹의 여파로 전 세계가 고통받고 있던 2020년 11월, 미국의 대통령 선거가 진행됐다. 도널드 트럼프 대통령의 연임과 조 바이든 전 부통령의 새로운 정권 창출 사이에서 접전이었지만, 결과는 조 바이든의 승리로 막을 내렸다.

선거 참여율이 당선자를 바꾼다

지난 2016년 미국 대선에서는 실제 투표가 진행되기 전까지 힐러리 클린턴의 우세가 점쳐졌지만 뚜껑을 열자 도널드 트럼프가 당선되는 결과가 나왔다. 2016년 미국 대선 투표율은 56.9%로 민주당 후보들이 당선되었던 지난 선거에 비해 투표 참여율이 낮았다. 그래서 많은 언론은 트럼프의 당선 요인 중 하나가 상대적으로 낮았던 투표 참여율이라는 분석을 내놓았다.

이처럼 투표율이 선거의 결과를 좌우한다는 해석이 나오면서, 미국 정치권에서는 정치에 관심이 낮은 젊은 층과 국외 거주자의 투표 참여를 높이기 위한 방안으로 스마트폰 투표 시스템이나 사용이 간편한 디지털 투표 기기 도입에 대한 이야기가 나온다. 그러나 관심이 높은 만큼 이에 대한 찬반 논란도 뜨겁다.

미 대선 결과가 전 세계 경제, 군사, 문화 등의 분야에 막강한 영향력을 미치는 만큼 대통령 선거에 영향을 미치려는 세력은 수도 없이 존재한다. 지난 2016년 대선 당시 러시아를 비롯한 여러 나라에서 미국의 50개 주에 걸쳐 선거 조작 및 개입을 시도한 정황과 증거가 발견되기도 했다. 이러한 해킹의 위험 때문에 오프라인 기반 투표 방식을 온라인으로 바꾸는 일은 안전하지 않다는 주장이 있다.

투표 시스템에서 가장 중요한 가치는 익명성의 보장과 집계의 신뢰도다. 내가 지지하는 후보를 타인에게 밝히지 않을 권리를 보장받아야 하며 내가 행사한 한 표가 제대로 기록되는 믿을 수 있는 집계 시스템이 필요하다. 그런데 이러한 필수 조건이 종이 투표지와 선거 감시 인원을 통한다면 100% 보장될 수 있을까? 그렇지 않다. 과거 우리나라의 3·15부정선거처럼 종이 기반 투표 방식도 부정의 소지는 얼마든지 있다. 선거를 종이 투표지로 치르고 감독관이 있어도 부정 선거 위험에 노출되는데 굳이 디지털 투표 시스템을 거부할 이유는 무엇인가?

종이 투표 시스템 vs. 온라인 기반 투표 시스템

종이 투표 시스템이 디지털 투표 시스템보다 안전한 이유는 조작에 한계가 있다는 점이다

다른 이들의 투표지를 훔치거나 다수의 사람을 현혹해 특정 후보를 당선시키기 위해 들어가는 노력은 엄청난 데 비해 선거 결과를 뒤집을 만큼 엄청난 양의 조작을 하는 일은 쉽지 않다. 투표 집계 후에 '종이'라는 물리적 증거도 남기 때문에 교차 대조를 해서 부정을 밝힐 수도 있다.

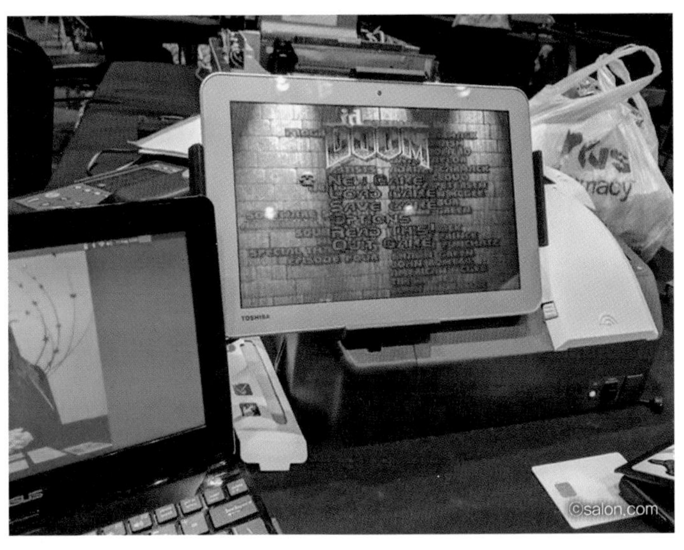

미국의 선거에 사용되는 투표 기기에 둠 게임을 설치한 해커

하지만 온라인 기반 투표의 경우 해커들에게 시스템이 한 번 노출되면 종이와는 비교도 안 될 정도로 크게 결과가 조작될 수 있어 더 큰 파괴력을 지닌다. 2019년 미국 라스베이거스에서 진행되었던 데프 콘(Def Con: 해커 콘퍼런스)에서 한 해커가 현재 미국에서 사용되는 투표 기기를 해킹해 둠(Doom)이라는 게임을 설치해 플레이하는 것을 시연해 화제를 모았다. 투표 기기 차원에서의 해킹을 잘 막았다고 해도 해당 기기에 보관된 데이터를 통합 집계하는 서버로 옮기는 단계에서 해킹이 발생할 가능성도 있고 서버 자체가 해킹당할 수도 있다. 물론 디지털 보안 기술이 계속 발전하겠지만, 적어도 현재는 그 어떠한 디지털 기기도 해킹으로부터 안전하다고 할 수 없다.

개인의 스마트폰으로 투표를 할 때 그 위험성은 더 커진다

스마트폰으로 투표를 하면 유권자들의 투표 참여율을 확실히 높일 수 있겠지만 그만큼 보안이 취약해진다. 당신의 스마트폰이 항상 최신 버전으로 업데이트된 상태고, 어떠한 멀웨어(Malware: 악성 소프트웨어)도 탑재되어 있지 않다고 확신할 수 있는가? 인터넷을 사용하는 이상 그 누구도 해킹의 위험에서 자유로울 수 없다. 사용자도 모르게 스마트폰에 각종 해킹 프로그램이 설치되었을 수 있다. 해커들이 디지털 금융 사기를 위해 사람들의 스마트폰 안에 악성 프로그램을 몰래 심어 개인 정보를 유출하거나 원치 않는 프로그램을 작동하는 것과 같은 원리다.

잠재된 불확실성은 더 큰 불안을 낳는다. 대중이 기술적 디테일을 이해하기 어려운 디지털 투표의 경우 이를 정치적 선동의 도구로 사용할 소지가 크다. 한국의 21대 총선에서 낙선한 전 국회의원과 그 지지 세력이 보인 부정선거 의혹 제기는 좋은 예다. 그들은 선거 시스템 작동에 대한 정확한 이해 혹은 확실한 증거 없이, '투표 기기가 인터넷에 연결되어 있으며, 사용된 QR 코드는 개인의 신상 정보를 남용하는 도구다' 같은 선동적인 문구로 사람들을 현혹했다. 이 주장은 거짓으로 밝혀지긴 했지만, 디지털 투표 시스템의 보안 수준이 대중을 완벽히 안심시킬 수 있는 수준에 도달하지 못한다면 디지털 선거는 정치인들의 선동 도구로 계속 이용될 것이다. 그래서 종이 투표가 아직까지는 대통령 선거처럼 중요한 선거의 유일한 수단으로 존재하는 것이다.

그렇다면 우리는 영원히 종이 투표만 해야 할까?

인구가 130만 명인 유럽의 작은 국가 에스토니아는 2005년부터 '아이보팅(iVoting)'이라는 온라인 투표 시스템을 사용하고 있다. 국민의 44%가 그 시스템을 통해 투표하며, 2007년부터는 총리 투표에도 사용한다. 이를 안전하게 사용 및 유지하기 위해 본인 인증 절차를 최신 기술들로 정교화하고 있으며 블록체인 기반 기술로 투표, 개표를 진행한다고 한다. 물론 유권자의 선택이 담긴 투표 데이터가 블록체인 시스템에 도달하기 전에는 얼마든지 해킹이 가능하지만, 이후에는 데이터 조작이 불가능하다. 에스토니아는 아직까지 온라인 투표와 관련된 해킹 사건은 발생하지 않았다고 밝히고 있다.

미국 시애틀의 킹 카운티(King County)도 시의 행정 투표를 위해 스마트폰이나 웹을 통한 투표를 도입하기 시작했다. 특별한 앱을 설치할 필요 없이 관련 사이트에 들어가서 본인 인증을 마치고 투표를 하는 간단한 프로세스다. 편리하다는 사용자들의 평가에 따라 미국의 다른 주들도 점점 온라인 기반 투표 시스템 도입에 적극적인 움직임을 보이는 추세다.

이처럼 해킹의 위험에도 불구하고, 참여율을 높이기 위해 디지털 기반 투표 시스템의 도입을 서두르는 나라와 기관들이 속속 나오고 있다.

대통령 선거처럼 작은 변수가 엄청난 결과를 만들 수 있는 경우, 당분간은 조작의 위험이 적은 투표용지 사용이 선호될 것이다. 하지만 디지털 투표의 안정성 확보를 위한 기술 발전은 계속되고 있으므로, '대통령 선거는 온라인으로 할 수 없다'고 단언하지는 않았으면 좋겠다.

개인의 신상 정보를 안전하게 보관하고, 본인을 인증하는 기술의 발달과 집계 과정에서 발생할지 모르는 해킹에 대한 위험을 막는 보안 장벽을 강화하고, 블록체인 기술 활용 등이 더 잘 결합된다면 대통령을 뽑는 것과 같은 중요한 의사결정에도 온라인 투표를 도입하는 나라가 늘어날 것이다.

전기 자전거 계의 테슬라 라드 바이크Rad Bike의 질주

ESG(Environmental, Social, and Governance)의 시대에 접어든 요즘 거의 모든 이동 수단은 전기를 에너지원으로 하는 방식으로 변화하고 있다.

코로나19 팬데믹을 지나며, 자전거는 불특정 다수와 함께 이동해야 하는 대중교통을 어느 정도 대신할 안전한 개인 이동 수단으로 관심이 높아졌다. 그중에서도 '전기 자전거' 카테고리는 전 세계적으로 수요가 큰 폭으로 상승했다.

미국에 있는 여러 전기 자전거 업체 중 가장 성공적인 브랜드로 평가되는 곳이 '라드 파워 바이크(Rad Power Bike)'다. 라드 파워 바이크 혹은 줄여서 '라드 바이크'로 불리는 이 회사의 창

라드 바이크의 다양한 라인업과 서비스 차량의 모습

업자는 마이크 라덴버흐(MIke Radenbaugh)다. 그는 어려서부터 자전거광이었고, 15세부터 본인이 각각의 파트를 따로 구매해 자전거를 조립해 만들기 시작했다. 수제 조립 자전거를 만들어 주변 사람들에게 판매하며 자전거에 대한 많은 지식과 노하우를 쌓던 그는 2007년 라드 파워 바이크라는 이름의 회사를 만들고 주문 제작형 자전거와 전기 자전거를 만드는 사업을 작게 시작한다. 본인의 대학교 학비를 벌 정도의 작은 규모로 시작했지만 찾는 사람이 많아지면서 사업이 어느 정도 궤도에 오르자, 마이크는 2015년 본격적으로 전기 자전거를 만들기 위해 회사를 재정립한다.

라드 바이크는 매년 폭발적인 성장을 거듭해 수백 명의 직원을 거느린 미국 제조업의 신성으로 성장했다. 현재 미국 내 전기 자전거 매출 1위를 달리고 있을 뿐 아니라, 그 가치를 인정받아 2021년 초 모건스탠리(Morgan Stanley's Counterpoint Global Fund)와 피델리티(Fidelity Management&Research Company) 등으로부터 150만 달러의 투자를 유치했다.

라드 바이크의 이러한 고속 성장의 바탕에는 어떤 강점이 있을까?

실용성을 부각한 스마트한 디자인

최근에 선보이고 있는 많은 전기 자전거의 경우 전기 배터리를 자전거 프레임 안에 억지로 숨기기 위해 튜브를 기존의 자전거 튜브보다 많이 두껍게 하거나 형태를 변형한다. 이럴 경우 자전거 프레임 밸런스 조절과 생산 등 모든 것을 맞춤 제작해야 하기 때문에 생산 비용이 상승하게 된다.

하지만 라드 바이크의 경우 일반적인 자전거 배터리가 자전거 프레임 위에 그대로 노출되어 있는 모습을 그만의 멋으로 잘 살린 디자인 덕분에 배터리의 외부 노출이 전혀 어색해 보이지 않는다.

자전거 액세사리나 부속품들도 이러한 기조를 잘 담고 있다. 라드 바이크의 팻 타이어 모델은 빠른 속도를 제어하기 위해 사용한 두꺼운 바퀴가 압도적 카리스마를 분출하며 대표 모델로 자리 잡았다. 단점일 수 있는 실용성 측면의 노출을 디자인의 장점으로 잘 승화시킨 스마트한 접근이다.

적절한 타깃층의 공략

라드 바이크의 모델 종류는 크게 시티 바이크, 패밀리 바이크, 팻 바이크, 폴딩 바이크로 구분되어 있다. 이런 구성은 베이비 부머 세대부터 중고등학생까지 모두 사로잡을 뿐 아니라, 다양한 용도도 자랑한다.

일반 씨티 바이크는 출퇴근이나 간단한 라이드를, 패밀리 바이크는 아이들을 최대 두 명까지 싣고 통학을, 카리스마 넘치는 팻 바이크는 경찰용 자전거로 그리고 폴딩 바이크는 아웃도어에 싣고 나가 낚시나 사냥을 즐긴다. 일상생활부터 비즈니스까지 광범위하게 사용되는 전천후 자전거 라인업인 것이다.

반대로 경쟁사인 슈퍼73(Super73) 같은 브랜드는 외형적으로 오토바이와 구분이 가지 않는 스타일을 추구한다. 멋으로 가끔 타기는 좋지만 일상생활이나 비즈니스 용으로 사용할 만큼 다양한 유형의 사람을 포섭하기에는 무리가 따르는 디자인이다.

성인 한 명과 두 명의 아이가 함께 탑승 가능한 웨건

경쟁사 슈퍼73의 자전거

디자인 규격화를 통한 압도적 가성비

라드 바이크의 모터는 미국 도로교통법상 면허가 필요 없는 시속 20마일로 편안하게 몇 시간을 달릴 수 있는 성능을 가지고 있다. 이렇게 기본 성능을 높이고, 옵션을 제한하여 소비자들이 합리적인 가격에 제품을 살 수 있도록 했다.

자전거나 자동차 모두 다양한 옵션을 추가하다 보면 원래 기본 가격에 두 배 이상의 가격을 지출하게 된다. 하지만 라드 바이크의 경우 선택 가능한 옵션을 최소화시키고 앞서 언급한 것처럼 용도에 따라 모델을 규격화했다. 또, 유통을 단순화하여 직영점과 웹사이트를 통한 직거래로만 구입할 수 있게 했다. 테슬라처럼 중간 업자를 거치지 않는 방식을 통해 서비스의 품질은 올리고 가격 경쟁력에서 우위를 점유하겠다는 계획이다.

현재 라드 바이크의 가격은 1천 달러~1천 800달러 선이다. 미국 내 경쟁 업체들의 가격이 2천 달러 이상, 비싸면 1만 달러 이상을 호가하기 때문에 가격적인 측면에서 라드 바이크가 아직은 확실한 우위를 점하고 있다.

무서운 속도로 성장하고 있는 전기 자전거 시장의 열기는 앞으로도 계속될 것이다

산업 전문가들은 전 세계 전기 자전거 시장이 2027년까지 70억 달러 시장으로 성장할 것이라 예측했다. 현재의 두 배에 가까운 수치다.

이러한 예측을 뒷받침하듯 전통의 자전거 업계 강자인 스페셜라이즈드(Specialized), 트랙(Trek) 등이 열심히 전기 자전거 모델을 출시하며 추격 중이고, 할리 데이비슨(Harley Davidson)이나 야마하(Yamaha) 같은 모터사이클 강자들도 전기 자전거 시장에 진출하고 있다. 할리 데이비슨은 자사의 최초 모터바이크 모델의 이름을 딴 '시리얼 1(Serial I)'이라는 자회사까지 따로 만들었는데, 이 회사의 제품에 대한 리뷰가 꽤 좋은 편이다.

경쟁이 치열한 상황이지만 라드 바이크는 적절한 타깃층을 공략하며 실용적이지만 멋진 디자인과 상대적으로 낮은 가격대로 이미 많은 팬을 확보하고 있어 다른 경쟁자들이 쉽게 따라오기 어려울 것이다. 이러한 강점을 바탕으로 라드 바이크가 전기 자전거 계의 테슬라로 발전할 수 있을지 기대가 된다.

브랜딩 관점에서 본 카우스Kaws의 성공 요인

예술은 전통적으로 상류층의 전유물로 여겨져 왔다. 하지만 시간이 지나 현대 팝아트가 등장하면서 예술은 대중들의 품으로 들어오기 시작했다.

팝아트의 대표 주자인 앤디 워홀(Andy Warhol)은 그의 작업 공간을 '팩토리(Factory)'라 부르며 한땀 한땀 정성 들여서 페인팅하는 대신 실크스크린이나 사진형식을 도입해 이전에 비해 훨씬 쉽고 빠르게 작품을 생산해 냈다. 그림의 주제도 마릴린 먼로 같은 유명인의 초상 혹은 사람들이 흔히 접하는 상품의 패키징이 주였기 때문에 대중들로부터 즉각적인 반응을 얻어낼 수 있었다. 또, 키스 헤링(Keith Haring)은 사람들이 많이 사용하는 공공시설(지하철이나 버스 정거장, 공원 등)에 스트리트 아트 형식의 작품을 남기며 대중의 마음을 훔쳤다. 이러한 아티스트들의 등장으로 예술은 상류층뿐만 아니라 모든 사람들의 곁에 더 가까이 올 수 있었다.

최근 앤디 워홀이나 키스 헤링보다 예술의 민주화를 선도한다는 평가를 받는 팝 아티스트가 등장했는데, 바로 카우스(Kaws)다. 그의 '홀리데이(Kaws: Holiday)' 전시 시리즈는 세계적으로 큰 흥행을 했고, 나이키(Nike), 크리스천 디올(Christian Dior)같은 브랜드들과 펼쳤던 컬래버레이션은 젊은 층의 절대적 지지를 이끌어내며 그를 현대 팝아트의 아이콘으로 만들었다.

과연 무엇이 그를 21세기 가장 핫한 아티스트로 만든 것일까?

첫째, 카우스는 브랜드다

아티스트는 어떠한 예술적 결과물을 만들어내는 사람이고 그런 측면에서 카우스는 아티스트가 맞다. 하지만 '카우스'는 브라이언

도넬리(Brian Donnelly: 카우스의 본명)라는 아티스트가 탄생시킨 브랜드라고 보는 편이 정확할 것이다.

로고 같은 상징체계의 적절한 활용은 브랜딩의 가장 효과적인 무기인데, 카우스는 이를 그 어떤 아티스트보다 잘 활용한다. 그리고 그는 작품을 하나하나를 따로 생각하지 않고 연계해 생각한다. 카우스는 거의 모든 작품에 자신의 상징인 'XX'를 일관되게 사용한다. 사람들의 이목을 집중시키는 그만의 상징과 전하고자 하는 메시지를 결합함으로써 다양한 주제를 카우스화(化) 시킨다.

카우스는 전통적 아티스트들처럼 완벽한 아름다움을 추구하지는 않는다. 그렇다고 뱅크시(Banksy)처럼 사회적 메시지나 냉소를 지니고 있지도 않고, 앤디 워홀처럼 세기의 아이콘들만 그리는 것도 아니다. 그의 작품에서는 요즘 시대를 살아가는 젊은 이들의 모습을 볼 수 있다. 그의 작품에는 스타워즈나 심슨을 좋아하고, 스니커즈 운동화를 좋아하고, 때로는 멋진 명품 옷을 사고 싶어 하거나 휴가를 떠나고 싶어 하는 요즘 사람의 모습이 투영되어 있다. 그래서 그의 작품을 보면서 관람객들은 자연스럽게 자신의 모습을 투영하게 된다. 이러한 특징 때문에 카우스는 젊은 층에게 엄청난 침투력과 확장성을 지닌 브랜드로 성장할 수 있었다.

'홀리데이' 전시에서 볼 수 있는
카우스의 작품들

둘째, 카우스는 문화적 아이콘이다

카우스의 작품 중 가장 인기 있는 장르는 피규어(Figure)라 불리는 토이(Toy)다. 토이 시장은 요즘 젊은 사람들의 문화에서 스니커즈와 함께 스트리트 패션 혹은 힙합 컬처를 대변한다.

피규어는 입체라는 특성 때문에 조각과 비슷해 보이지만, 본질은 다르다. 하나의 조각 작품은 완성하기까지 엄청난 시간과 노력이 들어가고 이러한 특성 때문에 무엇을 기리거나 숭배하기 위해 많이 활용된다. 하지만 플라스틱 토이는 틀만 만들어 놓으면 저렴한 가격으로 대량 생산이 가능하다. 이런 특성 덕분에 인플루언서나 경제적으로 성공한 젊은 사람들이 카우스의 피규어를 수집하고, 자신의 컬렉션을 SNS에 자랑하는 '카우스 플렉스(Flex: 비싼 물건을 사면서 자신의 가치를 증명하는 새로운 문화)'도 생겨났다. 카우스의 피규어는 몇백 달러에도 구매할 수 있기에, 대중들도 얼마든지 여기에 참여할 수 있다. 비록 방대한 컬렉션을 보유하지는 못해도 카우스의 피규어를 소유함으로써 '내가 동경하는 이들과 같은 문화를 공유한다'는 행복감을 느낀다.

형태는 장난감과 비슷하지만 무한정 찍어내는 공산품

이 아니라 작가의 정신이 깃든 예술품이므로, 시간이 흐르면서 가격이 올라 소장 가치가 높아지는 것은 덤이다.

셋째, 컬래버레이션을 통한 윈-윈

브랜드는 발전하거나 확장하지 못하면 사라지고 만다. 그래서 브랜드 간의 상승 작용을 이끌어 낼 수 있는 컬래버레이션(협업)을 통해 브랜드의 인지도와 지속성을 높이고자 한다. 특히 일반 대중을 상대로 하는 기업일수록 소비자들의 트렌드와 연령대 변화에 민감할 수밖에 없다. 한 시대에 장사가 잘 되었다고 해서 다음 세대에서도 장사가 잘 되리라는 보장은 어디에도 없기 때문이다.

젊은 층에 큰 호소력을 지닌 카우스와의 컬래버레이션은 기업 입장에서는 매력적일 수밖에 없고, 카우스 입장에서도 이 시대를 대표하는 기업들과의 컬래버레이션은 그의 세계관을 확장시키는 기회로 작용한다. 어떤 기업과 어떤 맥락에서 협업하는지가 중요한데, 카우스는 이 점을 누구보다 잘 파악하고 그와 문화적 맥락이 맞는 기업들과 작업을 한다. 나이키 스니커즈 컬래버레이션이나, 유니클로와 한 티셔츠 컬래버레이션, 크리스천 디올과의 컬래버레이션 등은 해당 기업들에게 매출 증대뿐 아니라 이미지 개선 그리고 브랜드 가치 상승까지 일석삼조의 효과를 선사했다.

카우스는 단순하게 예술 작품을 만들고 파는 아티스트가 아니다. 젊은 세대가 좋아하는 문화적 아이콘이자 브랜드이며 영향력을 지닌 선망의 대상이다. 브랜드의 생명은 사람들이 얼마나 관심을 가지고 지지하느냐와 직접적 연관이 있는데, 카우스는 이 속성을 잘 이해하고 다양한 방식으로 그 브랜드의 영역을 확장해 나간다. 이런 측면에서 카우스는 이제 팝아티스트를 넘어선 21세기의 새로운 브랜드이자 아이콘이라 부르기에 손색이 없다.

아이스박스계의 롤스로이스, 예티Yeti

최근 몇 년간 아웃도어 관련 산업의 성장세는 대단하다

코로나19 확산 이후 사람들이 많이 모이는 장소에서 쇼핑이나 식사를 하는 대신 쾌적한 자연에서 다양한 아웃도어 액티비티를 즐기는 것에 많은 이들의 관심이 쏠렸다. 이러한 트렌드에 발맞춰 기업들은 캠핑이나 낚시를 비롯한 다양한 아웃도어 액티비티를 위해 필요한 여러 상품을 출시했는데 '아이스박스'라고도 불리는 쿨러(Cooler)도 그중 하나다. 냉장고가 구비되어 있는 트레일러나 버스형 캠핑카가 아닌 이상, 식재료를 안전하게 보관할 수 있는 쿨러는 필수적인 아이템이다.

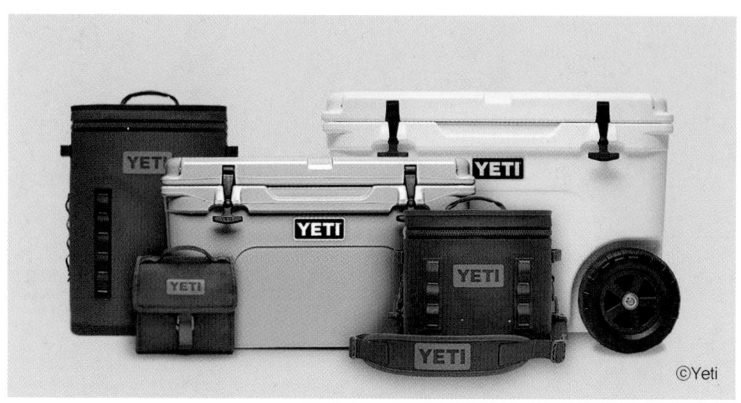

예티의 제품들

액티비티의 종류와 기간에 따라 다양한 쿨러를 선택할 수 있지만, 캠핑인들에게 선호하는 쿨러 브랜드를 조사하면 늘 상위에 랭크되는 회사가 있다. 바로, '쿨러 계의 롤스로이스'라는 별명이 있는 예티(Yeti)다.

예티의 특징 중 가장 먼저 눈에 띄는 점은 제품의 비싼 가격이다. 예티의 가장 큰 사이즈 모델인 툰드라(Tundra) 350의 가격은 무려 1,300달러로, 웬만한 가정용 냉장고보다 비싸다. 작은 사이즈의 쿨러인 로디(Rodie) 24나, 툰드라(Tundra) 35 모델도 200달러는 가뿐하게 넘는데, 시중에 팔리는 저렴한 아이스박스에 비교했을 때 심하면 10배 정도 비싸다.

또 다른 특징은 내구성이다. 쿨러가 당연히 튼튼해야 하는 것 아닌가 하는 질문을 할 수 있지만 예티 쿨러의 튼튼함은 상상 이상이다. 예티는 자사 제품을 하늘을 나는 비행기에서 떨어뜨려도, 야생 곰이 공격을 해도 끄떡없다고 광고한다. 그리고 실제로 이러한 극한 실험들을 통해 이 쿨러가 얼마나 강한 내구성을 지닌지 증명해 낸다.

하지만 예티 쿨러는 많이 무겁다. 다른 브랜드에 비해

더 오래가기 위해 두껍고 튼튼한 재질로 만들었기 때문인데, 급류에서 타는 카약처럼 잘 부서지지 않는 강화 플라스틱 재질을 사용하고, 쿨러의 냉기를 붙잡기 위해 외벽을 아주 두껍게 만들었다. 안 그래도 캠핑 갈 때 짐이 많은데 예티 쿨러까지 차에 싣고 내리다 보면 금세 팔이 아플 지경이다.

이처럼 예티는 여러 장단점이 공존한다. 그런데도 마치 주문하면 일 년씩 기다려서 받아야 하는 고급 차량 롤스로이스처럼 없어서 못 팔 지경이다. 그 이유를 브랜딩 측면에서 살펴보자.

소비자가 원하는 것을 만들다

예티는 텍사스 출신 아웃도어 마니아인 로이 사이더스(Roy Seiders)와 라이언 사이더스(Ryan Seiders) 형제가 만들었다. 어쩌다가 한 번 정도 쓰는 일반인들에게 쿨러의 단점은 눈에 들어오지 않을 수 있다. 그러나 자주 사용하는 아웃도어인들에게 기존의 쿨러들은 짧게는 몇 달에서 길어도 몇 년이면 고장 나서 못 쓰게 되는 소모품이었다.

사이더스 형제는 자신들이 직접 잡은 생선이나 육류를 더 잘 보관할 수 있는 쿨러가 간절하다고 느끼다가 직접 실현시키기로 결심한다. 그리고 무겁고 비싸더라도 부서지지 않고 오래 냉기를 지속하는 제품을 만들어낸다. 이런 쿨러에 대한 고객들의 니즈는 예상보다 훨씬 많아서 이 형제의 쿨러는 시장에 나오자마자 대히트를 친다. 이처럼 예티의 초창기 성공은 사람들이 원하는 바를 파악하고 공략한 제품의 방향성에 기인한다.

브랜드 마케팅을 적절히 활용하다

회사의 성장 과정에서 예티는 또 다른 장기를 발휘하며 쿨러 시장을 완벽하게 장악한다. 바로 '브랜드 마케팅'이다. 브랜드 마케팅은 무언가를 생각했을 때 특정 브랜드를 떠올리게끔 연상 작용을 하게 만드는 행위다. 나이키처럼 소비자로부터 브랜드에 대한 열성적 지지를 이끌어 내기 위해선 소비자들에게 영감을 줄 수 있는 메시지를 끊임없이 전달해야 한다.

예티는 광고할 때 쿨러의 성능에 대해 포커스를 맞추

예티의 지면 광고

지 않는다. 오히려 장애를 지니고 있지만 멈추지 않는 아웃도어인의 열정을 다루는 캠페인이나, 사냥이나 낚시에 진심인 전문 아웃도어인들의 이야기를 영화 같은 다큐멘터리로 멋지게 만들어 보여준다. 이를 통해 소비자와 브랜드 사이의 감정적 연결선을 만들고 이를 팬덤으로 확장하는 것이다. 예티에서 만든 쿨러나 컵을 사용하는 사람은 아웃도어 라이프를 지향하는 '액티비스트'가 된다. 예티는 이렇게 단순히 쿨러 브랜드가 아닌 사용자의 라이프스타일을 대변하는 브랜드가 되고자 한다.

이와 같은 이유로 예티는 성공한 아웃도어 브랜드 중 하나로 평가받는다. 2018년 예티가 뉴욕 증권 거래소에 IPO했을 때, 많은 전문가들은 쿨러라는 제품의 한계가 자명하다는 이유를 들며 비관적인 평가를 했다. 하지만 16.5달러에 데뷔한 이 회사의 주식은 2021년, 한 주당 100달러를 넘을 정도로 성장했다. 훌륭한 제품 퀄리티를 지닌 회사가 브랜딩도 잘 수행했을 때 '성장'이라는 좋은 결과를 얻을 수 있다. 예티는 이 진리를 증명하는 회사이다. 예티의 쿨러는 여전히 경쟁사에 비해 비싸고 무겁지만, 이 회사의 미래는 여전히 밝아 보인다.

미국의 배달의 민족,
도어대시DoorDash는
팬데믹 이후에도
사람들의 사랑을 받을까?

미국은 긴 시간 전 세계 코로나19 바이러스 감염자 수 1위를 기록한 코로나 방역 후진국이었다.

많은 사람들은 백신이 보급되기 전까지 장 보러 갈 때조차 목숨을 거는 심정으로 임했다. 산업 대부분이 코로나19 바이러스의 직접적 영향을 받았고, 특히 요식업계가 큰 타격을 받았다. 미국의 장기화된 셧다운으로 많은 식당이 문을 닫아야 했다. 바이러스가 퍼지기 시작한 2020년에 한 해에 미국 내 11만 개의 식당이 영구 폐업했다. 반대로 배달 음식 전문으로 피보팅(Pivoting)에 성공한 식당들은 외식에 대한 사람들의 갈망을 해소시켜주며 크게 성장했다. 이와 같은 이유로 미국 내 배달 서비스 시장은 폭발적으로 성장했는데, 가장 대표적인 배달 플랫폼인 '도어대시(DoorDash)'는 2020년 IPO를 성공적으로 진행했다.

그런데 상장 첫날 무려 86%의 주가 상승을 이끌어 냈던 도어대시는 곧 중대한 기로에 놓일 것으로 보인다. 바로 '코로나 위기의 종식'때문이다.

위드코로나 시대에도 배달 서비스 수요는 유효할까?

현재 미국은 위드코로나(With Corona: 코로나와 함께 살아가는) 시대로 진입했다. 사람들은 사회적 거리 두기를 하지 않고, 백신 접종을 모두 마친 사람은 실내에서도 마스크 착용이 의무화가 아닌 경우가 많다. 레스토랑에 내려졌던 실내 취식 금지도 완전히 사라졌고, 장사가 잘 되는 맛집의 경우 대기 시간이 팬데믹 이전 수준으로 돌아왔다. 오히려 레스토랑들은 몰리는 수요에 비해 심각한 구인난에 시달리고 있어 지원자가 인터뷰를 보러 오기만 해도 하루 일당을 제공하기까지 한다. 이러한 변화 때문에 도어대시나 우버이츠(Uber Eats), 그럽허브(GrubHub) 등의 배달 업체의 호황은 끝난 것이 아니냐는 말이 나오고 있다.

그러나 도어대시의 2021년 1분기 실적은 예상을 뛰어넘을 정도로 좋았다. 예측 수익의 10% 이상을 달성하는 기염을 토했고, 이후 주가도 크게 상승했다. 도어대시의 CFO인 프라비르 아달카르(Prabir Adarkar)는 여러 매체와의 인터뷰에서 "소비자의 주문 패턴은 쉽게 바뀌지 않는다. 배달의 편안함과 서비스의 퀄리티에 익숙해진 고객들은 팬데믹이 끝나도 계속해 사용할 것이다."라고 밝혔다.

사용자 경험 측면에서 보면 맞는 말이다. 무엇이든 한 번 경험하게 만드는 것이 가장 어렵다.

도어대시가 풀어야 할 숙제들

문제는 수수료 시스템이다. 음식 배달 서비스를 사용하는 소비자는 과도한 수수료가 부과되었을 때 부당함을 느끼면 언제든 다른 경쟁 서비스를 사용하면 된다. 하지만 레스토랑에게는 선택지가 없다. 서비스마다 다르긴 하지만 일반적으로 미국의 배달 서비스

뉴욕의 도어대시 딜리버.
팬데믹으로 인해 미국에도
음식 배달 서비스가 보편화되는 추세다.

는 20~40%의 수수료와 마케팅 비용을 레스토랑에게 부과한다고 한다. 이 문제 때문에 많은 레스토랑이 배달 서비스 앱에서 메뉴의 가격을 원래 가격보다 높게 책정한다.

배달 앱을 거치지 않고 본인들의 웹사이트나 가게에 직접 전화로 주문하면 가격이 훨씬 저렴하다고 광고하는 경우도 많다. 이렇게 소비자 입장에서 배달 서비스를 사용해 음식을 주문하면 원래 가격에 비해 훨씬 높은 가격을 주고 먹어야 하는 악순환이 시작되고 있다.

배달업체들 간의 경쟁도 점점 치열해지고 있다

배달업계에 돈이 몰리면서 우후죽순처럼 경쟁업체들이 생겨난 데다, 편의점 장보기 같은 틈새시장 경쟁까지 동시에 벌어져 이들 사이에는 치킨게임이 벌어지고 있다. 문제는 이런 제로섬 게임의 피해자는 배달 플랫폼이 아니라는 사실이다. 배달 플랫폼이 지출하는 프로모션 비용, 인재 고용 비용은 결국 소비자와 식당에 전가된다.

이와 같은 이유들로 도어대시를 비롯한 배달 플랫폼의 현재 상황은 그다지 좋은 편은 아니다. 2021년 6월(2분기) 공개된 도어대시의 전년도 대비 매출 상승(83%)은 이전 분기들이 보여준 성과(2021년 1분기 197%, 2020년 4분기 222%, 2020년 3분기 267%)에 비해 확실한 하향세를 그렸다.

음식 배달 플랫폼은 여전히 소비자와 레스토랑을 효과적으로 연결해 주는 좋은 창구이다. 그러므로 코로나19가 종식되더라도 팬데믹 이전보다 음식 배달 비중이 줄어드는 일은 발생하지 않을 것이다. 음식을 앱으로 간편하게 주문하는 행위가 대중들의 생활 속에 이미 깊숙이 침투했기 때문이다. 하지만 외부 환경이 변화하고 있기에 최근 몇 년 같은 호황을 기대하기는 어렵다.

배달업계가 계속 성장하기 위해서는 레스토랑 수수료 문제, 업체 간의 과도한 경쟁 등의 숙제를 해결해야 한다. 소비자의 눈살을 찌푸리게 만드는 요소는 결국 소비자가 떠나는 계기가 된다는 것을 잊으면 안 된다.

드론 택시는
언제쯤
도심 교통 체증을
해결할까?

출퇴근길 정체에 막혀 자가용에 오랜 시간을 앉아 있다 보면, '대체 이 지긋지긋한 교통체증은 언제쯤 사라질 것인가?' 생각하게 된다. 이 오래된 불만을 해결하기 위해 많은 기업들이 다양한 이동수단을 개발했다. 뿐만 아니라 교통체증을 완화할 수 있도록 도로망도 지속적으로 확충해나가고 있다. 그러나 체감상 크게 달라진 것은 없어 보인다. 오늘도 전 세계 대도시들은 교통 체증으로 몸살을 앓고 있다.

교통 체증에서 벗어나기 위한 다양한 시도들

내연기관 차량에서 전기 자동차로 이동수단의 패러다임이 크게 바뀌어가는 요즘, 다양한 방식으로 이동 혁신을 도모하는 움직임이 눈에 들어온다. 일론 머스크가 만든 '더 보링 컴퍼니(The Boring Company)'는 땅 밑에 터널을 만들어 주요 지점을 연결함으로써 교통체증을 완화하려 한다. 실제로 올해 라스베이거스 컨벤션센터 지역에 2.7㎞ 터널을 구축해 운영하기 시작했다. 또 버진그룹은 초고속 열차 '버진 하이퍼루프(Virgin Hyperloop)'를 개발해 땅 위 파이프를 통해 최고 시속 1080㎞로 사람들을 이동시키겠다는 계획을 세웠다.

이런 다양한 형태의 이동 혁신 중에는 제너럴 모터스(General Motors)가 미래 이동수단 중 하나로 제시하는 '개인용 드론'도 있다. 개인용 드론을 통한 이동은 우리가 상상했던 '하늘을 나는 자동차'가 현실화되는 느낌이다. 특히 거대한 기반시설을 짓지 않고, 탈것 자체의 기술을 발전시켜 원하는 지점으로 자유롭게 이동한다는 점에서 곧 현실화될 것 같은 기대를 갖게 한다.

개인용 드론을 활용한 이동은 여러 장점이 있다

개인용 드론을 활용한 이동은 교통체증이 심한 도심 지역 내 이동에 초점을 맞추고 있다. 하늘을 나는 만큼 이동 중 교통체증을 유발하지 않으니, 뉴욕이나 서울처럼 교통체증이 심각한 지역일수록 막힘없는 빠른 이동 수단이 매력적으로 다가올 것이다. 또, 드론 모빌리티는 가솔린이 아닌 전기를 동력으로 사용한다. 다른 이동 수단에 비해 탄소 배출이 낮아 ESG가 중요한 미래 사회에 걸맞는 방향이다.

인공지능 기술의 발달도 드론의 이동을 더 안전하게 만들어줄 것이다. 탑승자가 운전하지 않고, 자율주행 기술이 목적지까지 데려다주어 기존의 자동차 보다 안정성이 높아진다.

이와 같은 장점만 보면 사용 가격이 높을 거라는 의심이 들지만, 관련 인프라가 발전할수록 드론의 가격과 사용료도 저렴해져, 일반 자가용이나 대중교통 수준까지 내려갈 것으로 전망된다. 이처럼 황금빛 전망이 가득한 개인용 드론은 얼마나 빠르게 현실화 될 수 있을까?

드론택시가 도심 교통 체증을 해결할 수 있을까?

드론 택시가 직면한 현실적인 문제들

사실 이 문제에 대한 답은 드론의 기술적 발전보다는 드론 주행과 연관된 요소들이 어떻게 발전할지에 달려 있다.

중단거리 비행 수단을 통해 개인의 이동을 혁신하려는 시도는 개인용 드론이 처음은 아니다. 1953년 뉴욕 에어웨이(New York Airways)라는 회사가 헬리콥터를 통해 맨해튼과 주변 공항, 기타 지역을 연결하는 서비스를 만들었고, 한때는 연간 50만 명을 실어 나를 정도로 호황을 맞았다.

1960년대 건설이 완료된 뉴욕의 랜드마크 팬암 빌딩(현재의 MetLife Building)의 옥상 헬기 이착륙장에도 매일 뉴욕 에어웨이의 이용객들이 오르내렸다. 헬기를 통한 이동은 그 당시 뉴욕의 명물이었고, 1950년대에서 1970년대까지 헬리콥터 여객 회사들이 많이 생겨났다. 리들리 스콧(Ridley Scott) 감독의 영화 〈블레이드 러너(Blade Runner)〉에도 뉴욕 에어웨이의 헬기에서 영감을 받은 착륙 장면이 등장할 만큼 문화적 영향력도 컸다.

게다가 가장 짧은 거리의 경우 탑승료가 단돈 5달러 정도였으니, 현재 화폐가치로 계산해봐도 꽤나 경제적인 이동 수단이었다. 하지만 문제가 발생하기 시작했다. 헬리콥터의 부품이 낡아서 혹은 운전 실수로 인명 피해가 발생했기 때문이다. 특히 교통체증이 심한 도심 지역을 거점으로 하는 서비스라 사고가 나면 많은 사람이 피해를 볼 수밖에 없었고, 실제로 팬암 빌딩에서도 사람이 죽는 사건이 발생했다. 그리하여 1970년대를 지나며 헬리콥터를 통한 중단거리 이동 모델은 역사 속으로 사라져갔다.

안정성 확보는 드론 대중화의 선결 요건

개인용 드론은 다르지 않을까? 사실 드론과 헬리콥터가 명확하게 다르다고 말하기는 어렵다. 드론이 조금 더 트렌디한 단어고 주로 전기를 동력원으로 사용한다는 정도의 차이가 있을 뿐이다.

물론 요즘 드론의 경우 구조적으로도 구형 헬리콥터에 비해 더 안정적이고, 인공지능 자율주행을 탑재했을 때 비교적 안전한 운행이 가능하다. 그럼에도 불구하고 운행 시의 안전성이나 사람들이 붐비는 도심에서 사고가 발생했을 때의 위험성은 드론 이동 수단이 대중화되기 위해 반드시 해결해야 하는 과제다.

현재 우리는 평면(2차원)에 놓인 도로망도 완벽하게 컨트롤하지 못하고 있다. 개인 드론의 활용이 보편화되면 인간의 생활 공간은 3차원으로 확장된다. 3차원 상에서 벌어질 여러 변수를 관리할 법규나 보험 등의 사안은 지금과는 비교도 안될 정도로 복잡해질 것이다.

도미노 피자(Domino's Pizza)는 특정 지역을 시작으로 드론을 통한 음식 배달을 상용화하겠다고 밝혔다. 하지만 피자 배달 사고가 났을 때와 사람이 이동 중 사고가 났을 때는 다르다. 그렇기에 개인용 드론의 상용화는 좀 더 신중하게 판단해야 하며, 관련 산업과 법령도 속히 마련해야 할 것이다.

Chapter 2

세상의 변화를
선도하는 디자인

이 시대
글로벌 브랜드에
필요한 요소

자본주의 사회에서 기업의 목표는 이윤 추구이지만, 요즘 소비자는 이윤만을 좇는 기업을 그리 좋아하지 않는다. 이윤을 추구하되 그 방식에서 어떤 철학을 지니고 있느냐가 사랑받는 브랜드의 중요한 요소이다.

인간은 하나의 가치 혹은 하나의 시선으로 줄 세울 수는 없는, 고유한 개성을 지니고 있다. 여기에 사는 지역, 문화, 성별 그리고 개인의 특징에 따라 수없이 많은 사고방식과 행동 양식을 지닌다. 따라서 제품이나 서비스를 만드는 입장에서 아무리 기본에 충실한 접근을 해도 받아들이는 쪽은 민감하게 생각할 수 있는 요소들이 존재한다. 글로벌 시장을 목표로 하는 브랜드라면 이런 점을 적극적으로 인지하고 대응해야 한다.

이 시대의 글로벌 브랜드로서 성공하기 위해 관심을 기울여야 하는 요소들에 대해 생각해보자.

하나, 인종 문제: 모든 흑인은 농구를 잘할까?

인종과 관련해 대부분의 사람들은 인지적 혹은 비인지적 선입견을 가지고 있다.

예를 들어, 한 분야에 뛰어난 인물을 특정 인종으로 설정하는 것도 일종의 인종차별이다. 세계 최고의 농구 리그인 NBA에 흑인 선수들이 많기 때문에 '흑인은 무조건 농구를 잘한다'거나 동양인이 수학 경시대회 입상을 많이 하기 때문에 '동양인은 수학을 잘한다'와 같은 접근법은 위험하다. 자칫 특정 인종, 민족, 혹은 국가가 선택받았다고 생각하는 '선민사상'으로 발전할 수도 있기 때문이다.

글로벌 브랜드는 인종적 우위의 판단이 들어갈 수 있는 메시지가 아닌, 개인의 노력에 따라 무엇이든 가능하다는 메시지를 담는 것이 중요하며, 인종적 차별을 가져오는 가치를 지양해야 한다.

나이키는 이 점을 그 어느 브랜드보다 잘 파악하고 있다. 그래서 차별과 장벽에 반대하는 개인의 모습을 많이 그린다. 미식축구 선수 콜린 캐퍼닉(Colin Kaepernick)이 인종차별에 반대해 경기 시작 전, 미국 국가가 나오는 도중 무릎을 꿇은 사건을 나이키의 메시지로 활용한 것이 좋은 예다.

둘, 젠더 이슈: 여성은 머리가 길어야 할까?

2020 도쿄 올림픽에서 금메달을 딴 한국의 양궁 국가대표 안산 선수는, 국가의 명예를 높이는 영예로운 일을 했음에도 온라인에서 뜬금없는 홍역을 치렀다. '페미니스트 논란' 때문이다. 그녀가 짧은 머리를 했기 때문에 페미니스트 논란이 생긴 것인데, 이 상황은 외신에 보도될 정도로 화제가 됐다.

여성의 머리가 짧으면 페미니스트로 직결되는 것일까? 그렇다면 반대로 머리가 긴 남성은 페미니스트로 간주해도 될까?

©humaaans.com

다양한 사람의 모양을
일러스트 형태로 만들 수 있는 웹사이트 휴먼즈

아니, 그보다 근본적으로 페미니스트는 우리 사회가 배척해야 하는 대상일까?

요즘 브랜드라면 '나와 달라도 괜찮다'는 메시지에 포커스 두어야 한다. 머리가 긴 여성, 머리가 짧은 여성, 삭발을 한 여성, 터번을 쓴 여성 모두 각자의 모습일 뿐이다. 여기에 어떠한 가치 판단이 들어가서는 안 된다. 우리가 전형적으로 그려왔던 치마를 입은 머리 긴 여성이 가사 활동(요리, 청소 등)을 하는 모습은 대부분의 글로벌 브랜드가 광고하는 이미지 안에서 사라진 지 오래다. 대신 임산부, 장애인, 성 소수자(LGBTQ) 여성 등의 모습을 사회 속에서 함께 어우러져 살아나가는 인물상으로 표현한다. 이는 사회 안에 존재하지만 우리가 애써 보려 하지 않았던 모습들이다.

셋. 문화적 차이: 글은 왼쪽에서 오른쪽으로 읽을까?

한국과 미국의 경우 왼쪽에서 오른쪽으로 글을 쓰고 읽기 때문에 왼쪽부터 시작되는 글이 당연하기 받아들여진다. 하지만 이와 같은 접근은 사람들이 속한 문화권 혹은 나라에 따라 바뀌어야 한다.

아랍권 국가들의 경우 글이 오른쪽에서 시작한다. 아시아권 나라 중에서는 글을 세로 쓰기 하는 곳도 많다.

이럴 경우 글의 시작 위치와 진행 방향만 바꿔주면 되는 것 아니냐고 생각할지 모르겠으나, 그렇게 간단한 문제가 아니다. 왜냐하면, 글의 시작 위치가 바뀐다는 것은 이를 둘러싼 내비게이션, 액션 버튼, 이미지와 같은 모든 레이아웃이 바뀌어야 한다는 말이기 때문이다.

이런 문화권의 차이에 효과적으로 대처하기 위해선 로컬라이제이션(Localization) 가이드를 잘 확립해 두어야 한다. 여기에는 국가별로 텍스트, 이미지, 버튼, 내비게이션 등의 위치가 어떻게 바뀌는지, 사이즈 변화는 어떻게 되는지, 각 섹션에 들어갈 수 있는 최대 글자 수는 몇 자인지 등을 세세히 기록해야 한다.

같은 메시지를 전달하기 위해 문화권마다 다른 전략과 실행을 사용해야 하는 경우도 많다. 예를 들어 여성의 매력을 광고 수단으로 어필하는 것이 흔한 나라도 존재하지만, 여성의 신체 부위가 광고에 노출되어서는 안 되는 아랍권도 존재하기 때문이다. 한편, 지금은 여성의 상품화를 용인하는 사회적 분위기를 가지고 있는 나라라 하더라도 이것이 영원히 지속되리라는 보장도

Get ready to unfold
Galaxy Unpacked | August 11, 2021 at 10AM EDT / 7AM PDT
Watch the livestream here
Reserve now
كن مستعداً
لتوسيع حدود عالمك
samsung.com
29 : 34 : 19 : 03

삼성의 갤럭시 행사 소개, 영문과 아라빅의 배치 변화

없다. 시대의 발전과 상황의 변화를 재빨리 읽고 반영할 수 있는 섬세한 로컬라이제이션 작업은 글로벌 브랜드에게 필수다.

넷. 접근성: 장애는 장벽이 아니다

엑세서빌리티 디자인(Accessibility design)이라는 말을 한글로 번역하면 '접근성 디자인'이다. 선천적 혹은 후천적 신체적 특성이나, 지역, 나이 등의 제한 사항을 고려해 최대한 많은 사용자들이 같은 제품 및 서비스를 사용할 수 있도록 하는 것을 말한다.

많은 선진국에서 제도적으로 액세서빌리티 디자인을 채택하는 추세이고, 대중을 상대로 하는 여러 글로벌 브랜드들에게는 반드시 갖춰야 할 기본 사양으로 진화해가고 있다. 특히 국가 관공서처럼 많은 사람들이 사용하는 디지털 플랫폼은 WCAG(웹 접근성 가이드라인, W3C Accessibility Guidelines)가이드에 입각해 서비스를 개발해야 한다.

사람들의 인식도 신체적 한계가 있는 사람들에게 무관심한 브랜드의 접근을 더 이상 묵인하지 않는다. 접근성이 전혀

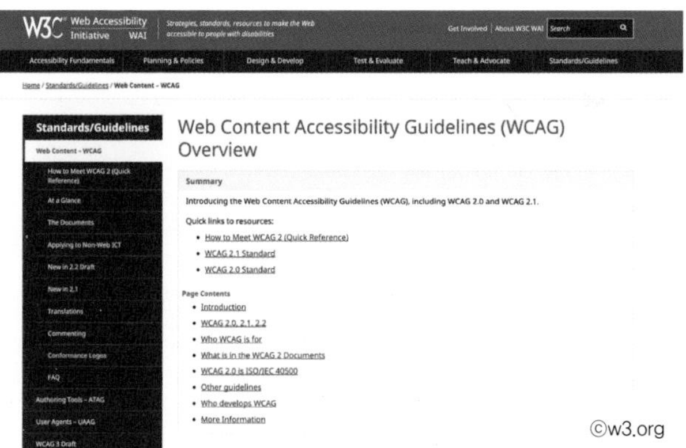

WCAG 가이드라인 사이트

고려되어 있지 않거나, 접근성이 상대적으로 낮은 제품들을 비평하는 소비자들의 움직임이 커지고 있으며, 그러한 제품을 내놓는 기업에 소송을 거는 일도 흔하게 일어난다. 그런 측면에서 접근성은 '어쩔 수 없이 해결해야 할 문제'가 아닌 '선제적으로 나서서 향상해야 할 대상'으로 여기고 접근해야 한다. 그래야 제품의 완성도를 높일 수 있을 뿐 아니라, 대중의 큰 지지도 이끌어낼 수 있다.

브랜드의 가치관이 소비자의 선택에 직접적인 영향을 미치기 때문에, 어떤 철학으로 사람들에게 접근할지 고민해야 한다. 그렇지 않다면 소비자는 언제든 다른 선택지를 고려할 것이며, 이러한 추세는 Z세대와 그 다음 세대인 A세대에서 더욱 뚜렷해질 것으로 보인다.

빠른 성장과 확장만이 최선이던 시대는 지났다. 다양한 이슈에 어떻게 접근할지 진지하게 고민하는 철학 있는 브랜드만이 미래에 경쟁력 있는 글로벌 브랜드로 남게 될 것이다.

우리 것을 세계적인 것으로 만드는 법

비즈니스 현장에서 '브랜드의 세계화(Globalization)'라는 이야기를 많이 한다. 중국과 인도 혹은 미국처럼 내수시장 자체가 크고 경제력이 높은 나라도 있지만, 한국과 같이 국제 교류에 많이 의존하는 나라에게 세계화는 생존, 확장과 직결되는 이야기다.

세계화를 진행함에 있어, 크게 두 가지 방식이 있을 수 있다. 하나는 세계인의 취향을 사로잡을 수 있는 요소를 파악한 후 시스템화해 접근하는 방식이고, 다른 하나는 본연의 가치를 숨기지 않고 장점으로 부각하는 접근법이다.

현지화와 시스템화를 통해 성공한 판다 익스프레스

미국에는 판다 익스프레스(Panda Express)라는 프랜차이즈 체인이 있다. 서양식 메뉴가 아닌 중국 음식을 기반으로 한 회사다. '오렌지 치킨' 같이 미국인의 입맛에 맞는 메뉴를 개발해 아시아 음식을 미국 전역에 성공적으로 보급한 첫 대형 프랜차이즈라는 점에서 대단한 브랜드라고 할 수 있다.

판다 익스프레스는 다양한 퓨전 메뉴 개발과 맛의 정형화에 힘입어, 미국과 유럽 등지에 2,200개가 넘는 체인을 거느릴 정도로 성공했다. 그럼에도 불구하고 대부분의 사람들은 판다 익스프레스를 훌륭한 중국 레스토랑으로 여기지 않는다. 오히려 아시안 스타일을 취하되 미국인의 입맛에 포커스를 맞춘 '중국식 미국 음식'이라 생각한다.

영화 〈파운더(The Founder)〉는 맥도날드 형제가 처음 만들었던 햄버거 가게 맥도날드를 세계 최고의 패스트 푸드 체인으로 발전시킨 레이 크록(Ray Kroc)의 이야기를 담고 있다. 레이 크록은 햄버거를 만드는 일 자체보다 햄버거를 만드는 과정을 효율적이고 조직적으로 정형화해 스케일을 확장시키는 것을 더 중요하

판다 익스프레스 로고

게 여겼다.

맥도날드처럼 판다 익스프레스는 아시아의 식문화를 기반으로 미국 소비자들의 입맛에 맞는 메뉴를 끊임없이 개발해 템플릿화 했다. 판다 익스프레스 창업자의 딸이자 회사의 마케팅 총괄 책임자인 안드레아 청(Andrea Cherng)은 파사디나(Pasadena, CA) 지점에 있는 이노베이션 키친(Innovation Kitchen)을 직접 운영하며 신메뉴의 실험과 혁신을 주도하고 있다. 이러한 지속적인 발전과 시스템 접근은 판다 익스프레스의 가장 큰 성공 요소다.

본연의 가치를 간직한 채 세계를 공략하는 꽃(cote)

뉴욕에는 꽃(Cote)이라는 코리안 바베큐 식당이 있다. 문을 연 지 1년도 채 되지 않은 이 레스토랑은 미슐랭 스타를 받으며 뉴요커들의 눈길을 끌었다.

꽃은 판다 익스프레스와 달리, 한국 방식으로 미국의 눈과 입을 사로잡은 사례이다. 세계 유명 셰프들로부터 찬사를 받고 있을 뿐 아니라 힙합 뮤지션 나스(Nas) 같은 인플루언서들의

꽃(Cote)의 내부 모습과 상차림

단골 식당이 되었고, 2021년에는 마이애미에 지점도 냈다.

이곳은 일반적인 고깃집이 아닌 최고급 바 혹은 파티장 분위기를 풍긴다. 고급스러운 인테리어에 패션 모델같이 화려한 외모의 서양 직원이 서빙을 한다. 그런데 재미있는 것은 이들이 메뉴에 있는 한국어를 영어로 번역하지 않고 그대로 발음하는 것이다. 예를 들어 갈비와 된장찌개를 서버에게 시키면 "Galbi and Dwenjang Stew"라며 주문을 확인해 준다. 하지만 멋진 접시에 담겨 나오는 음식은 한국 전통의 맛을 살린 갈비와 된장찌개다. 조금의 현지화도 가미되지 않은 맛이지만, 한국인과 외국인 모두 맛있게 즐길 수 있는 아주 높은 수준의 음식이다.

사실 이 브랜드의 한계는 명확하다. 최상의 퀄리티를 유지해야 하기 때문에 판다 익스프레스 같은 프랜차이즈 영업은 애초에 할 수 없다. 그러나 꽃이 태생적으로 판다 익스프레스나 맥도날드 같은 식의 스케일업에 성공할 수 없다고 해서 실패한 브랜드라고 단정할 수는 없다. 왜냐하면 그들은 누구나 선망하지만 쉽게 가질 수는 없는 오리지널리티를 가진 보석 같은 존재로 발전했기 때문이다.

두 가지 방식을 모두 취해
전 세계를 사로잡은 또 하나의 한국 브랜드

판다 익스프레스가 시스템화를 통해 글로벌 시장을 공략했고, 꽃은 선망의 대상이 되는 방식을 통해 우리 문화를 고급스럽게 전달했다. 그런데 이 두 가지 전략이 모두 반영돼 세계 시장의 성공을 거둔 브랜드가 있다. 바로 BTS다.

BTS는 1990년대 H.O.T.부터 쌓여 온 한국식 아이돌 육성 시스템의 정수가 담긴 아티스트다. 탄탄한 시스템적 바탕 위에 레스토랑 꽃처럼 외국인의 눈과 귀를 사로잡는 실력과 정통성도 갖추고 있다. 한국인으로만 이루어진 그룹이지만 이들은 세계 무대를 향해 나아간다. 전 세계 프로페셔널의 힘을 모아, 어느 나라 사람이 들어도 이질감 없는 음악과 무대를 만들어낸다. 영국 아티스트인 데이비드 스튜어트(David Stewart)가 프로듀싱하고 작곡한 그들의 히트곡 '다이너마이트(Dynamite)'도 그렇게 탄생했다.

BTS는 방시혁이 기획한 아이돌이지만, 세계인이 함께 만들어가는 글로벌 브랜드가 되었다. 그런 의미에서 BTS야말로 '우리 것이 세계적인 것이다'의 21세기 버전이 아닐까.

구글의
리브랜딩을 통해 본
성공적 브랜드
패밀리 구축의 조건

구글은 2021년 프로덕트 패밀리 아이덴티티 리브랜딩을 단행했다. 단편적으로 몇 개의 서비스 아이콘을 바꾸는 수준이 아니라 주력 사업인 지메일, 크롬, 구글 맵 등을 전반적으로 업데이트하며 구글이라는 하나의 브랜드 패밀리 아이덴티티를 강조하고자 하였다.

하지만 이 브랜드 패밀리 디자인 공개 이후 대중의 반응은 싸늘했다. 일관된 스타일을 강조하고자 도입된 디자인 요소들은 오히려 시각적으로 거추장스러워 보인다는 평가를 받았고, 기존 구글 아이콘이 지니고 있던 직관성을 잃어버렸다는 지적이 뒤따랐다. 디자인 커뮤니티에서는 '구글의 디자인 실력이 예전 같지 않다'는 말까지 나왔다.

이처럼 브랜드 패밀리 시스템 구축은 디자인으로 인정 받는 구글에게조차 쉽지 않다. 성공적인 브랜드 패밀리 구축을 위해선 어떠한 접근이 필요할까?

모두에게 일괄적인 룰을 적용할 필요가 있을까?

구글은 이번 리브랜딩에서 기존과 다른 방식으로 색을 사용했다. 과거 지메일은 흰색과 빨강, 캘린더는 파랑, 구글 독스는 파랑, 행아웃은 초록만을 사용했다. 하지만 이번 아이콘 리뉴얼에서는 구글 브랜드와 프로덕트 그룹 그리고 개별 프로덕트 레벨까지 하나의 일관된 모습으로 만들기 위해 브랜드의 기본이 되는 네 가지 색상(빨강, 파랑, 노랑, 초록)을 반드시 사용하고, 선과 면의 굵기를 비슷하게 유지하는 방식으로 앱 아이콘을 디자인했다. 그리고 이것을 흰색 바탕 위에 올렸다.

이 때문에 기존 아이콘들이 지니고 있던 직관적 형태는 추상화되었고, 여러 색상의 억지스러운 조합은 시각적 부조화

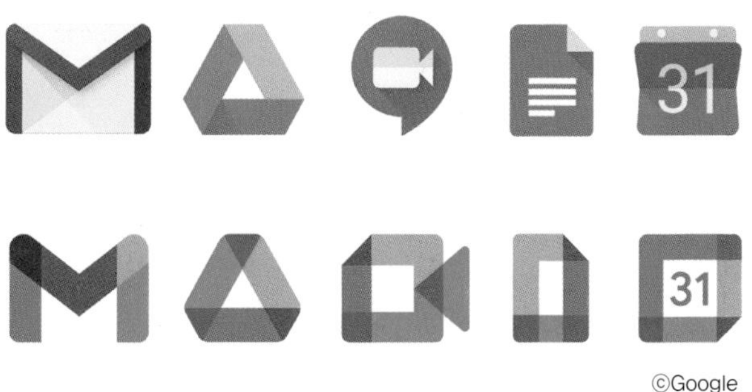

(위)기존의 구글 캘린더 로고 (아래)새로운 구글 캘린더 로고

를 만들었으며, 흰색 바탕은 앱 아이콘을 돋보이게 하기보다는 거추장스러운 장치로 전락했다. 일반 사용자 입장에서는 크게 공감가지 않는 업데이트로 느껴진다.

직관성을 헤치지 않는 범위 내에서 다양한 디자인적 장치를 제공하는 방법을 택했다면 어땠을까? 혹은 모든 곳에 엄격한 룰을 적용하기보다 차등적으로 적용할 수 있는 시스템을 만들고 전반적인 디자인 방향성을 유지하는 방식도 고려해볼 만하다. '브랜드-프로덕트 패밀리-프로덕트-기능'을 관통하는 기본 디자인적 맥락을 유지하면서도 각각의 레벨 별로 일관성 유지를 위해 적용하는 장치의 종류와 개수를 다르게 하는 방식이다.

일관성을 위해 직관성과 스토리를 포기하는 것은 옳은 선택일까?

이번 구글 아이콘 개편에서 호불호가 가장 컸던 프로덕트 아이콘이 '구글맵'이다. 기존에 구글이 사용해온 지도 모양의 아이콘 대신 하얀 바탕 위에 드롭 핀(Drop Pin)이 있는 아이콘으로 바뀌었다.

물론 드롭 핀이 구글맵의 상징이긴 하다. 하지만 그동안 구글의 상징과도 같았던 'G' 모양이 빠지고 지도의 모습도 아이콘에서 없어지는 바람에 업데이트된 후 사람들은 구글맵 자체를 스마트폰 안에서 찾느라 시간을 써야 했다. 일관성을 위해 직관성을 상실한 경우다.

애플 맵 아이콘의 경우 여전히 맵의 형태를 유지하고 직관적으로 알아보기 편하다. 또 아이콘 디자인 안에 담긴 스토리텔링도 재미있다. 애플 맵 아이콘이 나타내는 지도의 위치는 애플의 본사가 위치한 쿠퍼티노다. '280'이라는 숫자는 애플 본사 옆을 지나는 '280 고속도로'를 상징한다. 그리고 그 고속도로 옆에는 스티브 잡스의 유작인 원형의 애플 파크의 모습이 보인다. 이러한 스토리와 직관성 때문에 프로덕트 자체의 퀄리티와 별개로 애플의 앱 아이콘 디자인은 인정받고 있다.

결정권자의 역할과 안목이 중요하다

이번 아이콘 리디자인 실패의 책임이 디자이너들에게 있다고 생

©Google

(왼쪽)구글의 과거 맵 아이콘 (오른쪽)구글의 새로운 맵 아이콘

각하지 않는다. 구글은 여전히 전 세계 최고의 디자이너들을 보유한 훌륭한 회사다. 이번 사태는 오히려 리더십 위치에 있는 사람들이 잘못된 결정을 내렸기 때문이라고 보는 게 맞을 것이다. 이런 일은 어떤 회사에서나 일어날 수 있는 일이다.

디자인은 어떠한 결과에 도달하는 프로세스로 볼 수 있다. 하지만 시작할 때의 선한 의도가 최종 결과물에 성공적으로 반영되지 못하는 경우도 많다. 특히 많은 인원이 참여하는 디자인일수록 변수도 많이 생긴다. 그런 만큼 디자인을 총괄하는 이가 얼마나 디자인 결과물을 참여자들과 효과적으로 커뮤니케이션하는지, 이를 리더십에서 어떻게 받아들이고 결정하는지가 중요하다.

보통 기업에서 결정권은 디자이너나 프로젝트 매니저 같은 특정 직군이 아닌, 더 높은 직급을 가진 이들에게 주어진다. 결정권을 가진 직급에 디자인에 대한 이해도가 높지 않은 사람이 있다면, 실무진이 아무리 디자인을 잘 해도 성공적인 결과물이 나오기 어렵다. 많은 기업에서 최종 결정권을 가진 리더십 자리에 디자이너 출신 인사를 기용하려는 이유가 여기에 있다. 리더의 판단이 회사뿐 아니라 사용자들의 생활에도 큰 영향을 미칠 수 있기 때문이다.

브랜드가 성공적으로 디자인 시스템을 구축하고자 한다면, 먼저 어떤 스토리를 일관성 있게 디자인에 담을 것인지 치열하게 고민해야 한다. 그리고 이를 효과적으로 받아들일 수 있는 회사의 프로세스와 리더십 역량도 함께 키울 필요가 있다.

사용자 경험은
B2B에서도
재미있어야 한다

최근 여러 글로벌 기업이 대규모의 디자인 개선 작업을 하고 있다.

특히 마이크로소프트는 2018년 오피스365(Office365)의 프로덕트 아이콘 리디자인을 필두로 2021년 다이내믹스(Dynamics)와 에주어(Azure)까지, 전 세계 수십억 명이 사용하는 프로덕트의 로고를 순차적으로 개선하는 작업을 했다.

새로운 로고에는 재미와 친근함, 그리고 공간감을 더하기 위해 외형에 둥근 선과 깊이감을 더했다. 기존 마이크로소프트의 디자인과는 사뭇 다른 느낌이다. 마이크로소프트는 새로운 이모지(Emoji) 디자인도 공개했는데, 여러 가지 표정의 사람 얼굴부터, 동물, 외계인 등 다양한 모습을 한 컬러풀한 디자인이었다.

Microsoft Azure ©MicroSoft

마이크로소프트 에주어의 새로운 로고

마이크로소프트를 비롯해 디자인 개선 작업을 하는 기업들에게서 공통적으로 찾을 수 있는 메시지가 있는데, 바로 '사용자를 즐겁게 하는 디자인의 적용'이다.

사용자 경험은 어디서나 즐거워야 한다

유튜브나 지메일, 페이스북이나 인스타그램같이 일반 사용자를 위해 만들어진 제품군을 B2C(Business To Customer)라고 칭한다. 이와 반대로 일반 대중이 아닌 특수한 목적성을 가진 비즈니스를 위해 설계된 제품군을 B2B(Business To Business)라고 부른다. 비즈니스의 효율성을 높이는 인사관리 시스템이나 물류 관리 시스템 같은 제품들이 그 예다. 마이크로소프트나 세일즈포스(Salesforce) 같은 회사의 비즈니스 모델에서 큰 부분을 차지하는 것이 바로 이런 B2B 제품들이다.

일반인들에게는 파워포인트(PowerPoint)나 엑셀(Excel), 워드(word)처럼 대중적인 몇몇 프로그램을 제외한 B2B 제품들은 생소하게 느껴진다. 그래서인지 비즈니스의 목적 달성을 위해서만 존재했던 실용성 위주의 프로그램들은 디자인의 대중성에는 크게 신경 쓰지 않는 분위기였다. B2C 제품들과는 달리 즐거운 사용자 경험보다는 간결하고 다소 경직된 분위기마저 풍겼다.

때문에 IT업계 종사자들 사이에서는 B2B 제품군들의 시각적 디자인이나 사용자 경험이 B2C에 비해 뛰어나지 않다는 인식이 있었다. 하지만 요즘 기업들은 B2B에서조차 사용자 경험을 발전시키기 위해 끊임없이 투자하고 있다.

클라우드 기술은 하드웨어와 소프트웨어의 장벽을 허무는 데 가장 큰 기여를 했다

클라우드 기술은 사용자가 원하는 기능을 어떤 장소와 환경에서도 구현 가능하도록 만드는 것이 최종 목표다. 최근 마이크로소프트는 'Windows 365'라는 클라우드 PC를 통해 사용자가 언제 어디에서 어떤 디바이스로 접속하더라도 PC를 스트리밍할 수 있는 제품을 내놓았다.

자사 혹은 타사 제품의 기능을 공유하고 적용하는 데

에도 엄청난 공을 들이고 있다. 업무 향상 프로그램으로 많이 사용되는 '팀즈(Teams)'나 '슬랙(Slack)', '줌(Zoom)' 등의 메시징 서비스 안에 마이크로소프트 오피스나 깃허브(GitHub), 유튜브 등의 다양한 외부 기능을 인-앱 형태로 사용할 수 있게 확장하는 것이 좋은 예다. 사용자가 서비스에서 이탈하지 못하게 함으로써 시장 장악력을 높이는 것이다.

클라우드로 인한 경계의 붕괴는 B2C와 B2B 사이의 경계도 허물고 있다

우리가 사용하는 모바일 기기는 순수하게 개인용 디바이스인가? 아니면 일을 하는 워크스테이션인가? 예전에는 명확하게 구분하기 쉬웠다. 왜냐하면 회사용 워크스테이션은 외부로의 접속과 다운로드 등이 원천 차단된 경우가 많았고 정해진 업무만 수행했기 때문이다.

하지만 이제는 그 경계가 모호하다. 특히 팬데믹 이후 재택근무가 보편화되면서 일을 하는 장소도 회사와 집을 가리지 않게 되었다. 외부 채널을 차단하고 내부 업무에만 집중해야 했던 과거와는 달리 일을 하기 위해서는 외부에 있는 정보와 서비스를 적극적으로 이용해야 하며, 개인적인 용무를 보다가도 언제든 업무 모드로 전환할 수 있어야 한다.

요즘 사용자들은 이렇게 B2B와 B2C의 경계를 자유자재로 넘나들며 이 둘의 사용과 구분이 명확하게 나뉘지 않은 세상에 살아간다.

경계가 무너진 환경에서 B2B와 B2C의 경험 디자인 수준차가 크다면 사용자는 이를 관대하게 받아들일 수 있을까?

2007년 애플의 아이폰이 세상에 공개된 이후 스마트폰의 시대가 본격적으로 열렸다. 그 후로 많은 앱과 서비스는 경험 디자인 측면에서 장족의 발전을 거듭해 왔고 사용자들의 눈높이도 동반 성장했다.

이제 사용자들은 B2B와 B2C를 구분해 평가하지 않는다. 일반 사용자들은 단순하게 '잘 만든 제품'과 '못 만든 제품'으로 인식할 뿐이다. 그래서 B2B에서도 실용성을 넘어 사용자가 프로덕트와 감정적 유대관계를 느낄 수 있는 아름다운 로고, 아이콘, 색상 그리고 군더더기 없는 사용자 플로우가 중요해졌다.

물론 디자이너와 개발자 입장에서 B2B와 B2C의 경계를 없애고 디자인 수준을 하루아침에 높이는 것이 쉬운 일은 아니다. 한 회사에서 만들어진 프로덕트라고 하더라도 각각의 환경과 디바이스에 맞게 디자인을 바꾸거나, 문제를 해소할 수 있는 시스템을 구축해야 하기 때문이다. 어떤 제품인가에 따라 사용하는 엔지니어링 테크 스택(Tech stack)부터 디자인 컴포넌트들까지 모두 손을 봐야 한다. 비슷하지만 약간 다른 형태를 취하고 있다면 상대적으로 어려움이 적지만 완전히 다른 경우도 다반사이기에 쉽지 않은 도전과제다.

하지만 어려운 만큼 이를 성공시킨 기업은 엄청난 경쟁력을 확보하게 된다. 기술의 발전이 일정 단계에 도달했을 때, 제품의 성패를 좌우하는 것은 결국 '누가 더 좋은 사용자 경험을 보유하고 있는가'이기 때문이다. 서비스 간의 기술 경쟁은 이미 많은 분야에서 끝난 상태다. 사용자 경험의 개선은 더 이상 선택의 문제가 아니며, 이는 B2B 생태계에도 마찬가지다.

디자인은 앞으로도 계속 심플해질까?

애플의 초창기 로고를 기억하는가?

스티브잡스는 모더니스트로 알려져 있지만, 그가 만든 회사 애플의 첫 로고(1976년)는 중세 시대의 풍경화를 연상케 한다. 한 남자가 나무 아래에 앉아 있고 뒤로는 넓은 대지가 펼쳐진 이 디자인은 '뉴턴의 사과' 이야기를 재구성한 일러스트 위에 'Apple Computer Co.'를 얹은 모습이다.

세계적인 청바지 브랜드 리바이스가 1891년부터 1925년까지 사용했던 초기 로고도 일러스트 형태다. 자사 브랜드의 청바지가 가진 튼튼함을 표현하기 위해, 두 개의 마차가 양

(위)애플의 초창기 로고 (아래)리바이스의 초창기 로고

쪽에서 청바지를 끌어당기는 그림이 들어가 있다.

두 브랜드 모두 현재는 간결한 심볼 혹은 레터 타입(글자로 된) 로고를 사용한다. 재미있는 것은 이들뿐 아니라 거의 모든 글로벌 브랜드의 로고가 심플한 디자인으로 교체되었거나 현재 교체 중이라는 것이다. 어떤 이유로 로고 디자인은 갈수록 심플해지는 것일까? 그리고 이러한 변화는 얼마나 지속될까?

로고(Logo)의 시작과 발전

로고의 기원은 이집트의 고대 문자(Egyptian hieroglyphs)까지 거슬러 올라간다. 이 문자는 간결하게 구성된 형상에 뜻을 담아 메시지를 전달한다는 측면에서 지금 우리가 접하는 로고와 맥을 같이 한다.

중세 시대 귀족들이 자신들의 가문을 나타내기 위해 사용한 문장에서도 권위를 나타내기 위해 다양한 상징이 복합적으로 사용된 것을 볼 수 있다. 19세기 인쇄술이 발달하며 나타난, 서체를 활용한 레터 타입 로고의 붐은 대중의 눈을 사로잡아야 하는 서체 분야의 큰 발전을 가져왔다. 이처럼 역사적으로 로고는 사람들에게 나타내고자 하는 의미를 시각적 수단과 결부시킨 상징으로 사용되었다.

20세기 모더니즘이 등장하면서 로고는 큰 전환점을 맞이하게 되었다. 특히 폴 랜드(Paul Rand)와 같은 디자이너들은 '복잡한 형태를 지닌 로고는 현시대의 가치를 담을 수 없다'고 판단해, 최대한 절제된 형상에 의미를 담아 가치를 표현하고자 했다. 그가 디자인한 UPS와 Ford, IBM 등의 로고에는 그의 디자인적 가치가 잘 표현되어 있다.

절제를 강조하는 모더니즘 스타일은 디지털 시대에도 여전히 그 가치를 발휘한다. 전 세계 인구의 절반이 사용하는 애플리케이션 페이스북도 'facebook'이라는 이름이 간결하게 적힌 레터 타입의 로고를 사용하고 있다.

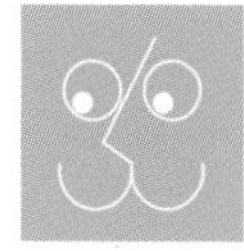

폴 랜드가 디자인한 심플한 로고들

어떤 사람들은 심플한 로고는 너무 단순하고 평면적이라 재미가 없다고 말하기도 한다

1990년대~2000년대 초반에는 '스큐어모피즘(Skeuomorphism)'으로 대변되는, 실제 사물과 비슷하게 디자인을 구성하는 스타일이 유행했다. 과거 애플 iOS의 앱과 앱 아이콘들이 대표적인 예시인데, 계산기 앱은 계산기의 실제 모습을, 노트 앱은 노트의 실제 모습을 표현한 디자인이다.

분명 재미도 있고 실제 사물과 직접 연결되기 때문에 이질감도 적다. 스큐어모피즘은 의미를 표현하기 위해 절제보다 묘사를 선택하는 점에서 애플과 리바이스의 일러스트 로고와 비슷한 접근으로 볼 수 있다.

하지만 이 유행도 애플의 iOS7(2013년)과 함께 막을 내렸다. 평면적인 디자인 안에 선과 면의 절제된 표현으로 의미를 담는 방향으로 회귀가 이루어진 것이다. 디지털 프로덕트를 만들 때 수많은 기능과 사용자 경험을 하나의 서비스 안에 조화롭게 넣기 위해 복잡성을 지양하며 나타난 변화다.

(왼쪽)실제 계산기
(가운데)스큐어모피즘 디자인 계산기
(오른쪽)플랫 디자인 계산기

로고에 새 바람이 불까?

최근 IT업계에서는 '심플한 로고'를 선호하는 경향이 바뀌는 조짐이 감지된다. '메타버스'의 대두 때문이다. 메타버스의 공간은 대부분 3차원을 바탕으로 하기 때문에 공간감이 필수적인 경우가 많고, 새로운 환경에 사용자를 넣기 위해서는 사용자가 최대한 이질감을 느끼지 않을 수 있는 익숙한 환경을 제공하는 것이 중요하다. 그래서 경우에 따라 절제보다는 묘사가 강조된 디자인이 더 사용성을 높일 가능성도 있다. 그리고 이러한 디자인적 방향은 앞으로 브랜드를 상징하는 심볼인 로고뿐 아니라 디자인 시스템 전반에 큰 영향을 미칠 것이다.

디자인은 정체되어 있지 않다. 오히려 살아 숨 쉬는 유기체에 가까우며, 브랜드의 가치뿐 아니라 시대의 흐름도 반영한다. 시대의 변화에 따라 현재의 심플한 디자인은 미래에 진부한 디자인 취급을 받을 확률도 있다. 다시 살아나고 있는 3차원의 스큐어모피즘 기조가 강해져, 머지않아 애플이 3D 디자인이 가미된 사과 로고를 채택하는 것을 볼지도 모른다.

실제로 애플의 사과 모양 로고는 시대마다 다른 디자

역대 애플 로고 변천사

인적 방향성을 담고 있다. 1977년에서 1995년까지 무지개색이 적용된 로고를 사용했지만 1995년에는 3D가 가미된 파란색이 로고에 적용되었다. 1998년에서 2000년까지는 다시 단일한 검정 디자인을 썼다가 2001년부터 2006년, 2007년에서 2016년까지 사용된 두 개의 로고에는 모두 3D 디자인 요소를 가미했다. 2017년부터 현재까지 사용 중인 로고는 회색이 적용된 평면적인 디자인이다.

지나간 디자인 트렌드도 시대에 부합한다면 언제든 다시 돌아올 수 있다. 그러므로 지금 많은 브랜드들이 선호하는 '심플한' 디자인 접근이 앞으로도 계속될 것이라 단언할 수 없다.

실리콘밸리에서
앞으로 3년 안에
확대될 디자인 트렌드,
커스텀 UI

애플이 iOS15를 공개하면서 디자인 업계에서 나온 이야기 중 하나가 애플의 UI(User Interface: 사용자 인터페이스) 스타일이 예전의 스큐어모피즘 즉, 사물의 원형을 실감 나게 묘사하는 방식으로 회귀하는 듯한 인상을 준다는 것이다.

특히 미모지(Memoji: 개인화 이모티콘)나 앱 아이콘 그리고 인터페이스의 깊이감 등이 확실히 평면적인 2D에서 입체적이고 묘사가 더 들어간 3D로 진화했다. iOS7 시절, 아이폰 초창기의 스큐어모피즘에서 현재 대세가 된 플랫 디자인(Flat Design: 심플하고 평면적인 디자인 스타일)으로 바뀐 후 다시 스큐어모피즘으로 돌아가는 것이다.

애플의 미모지(Memoji) 모습

이러한 변화에는 '증강현실의 대두'와 같은 새로운 기술과 트렌드의 등장뿐 아니라, 사용자들의 감성적인 부분을 건드리고자 하는 다양한 이유가 존재한다.

사용자의 취향을 반영하는 UI

디자인 업무를 할 때, 업계의 변화를 장기, 중기, 단기적 시점으로 나눠 타임라인을 만들고 미래 비전 컨셉 작업을 한다. 일반적으로 '장기'는 현재 기준에서 6~10년 정도 후를, '중기'는 3~5년 정도 후를, 그리고 '단기'는 1~3년 후를 말한다.

단기 미래 비전 작업은 장기 예측보다 더 현실성 있는 작업이다. 최근 디자이너들의 단기 예측 디자인 작업에 빠지지 않는 요소가 있는데, 바로 '커스텀 UI'이다.

UI는 'User Interface'의 줄임말이다. 화면을 구성하는 모든 시각적 요소가 바로 UI인데, 우리가 스마트폰에서 사용하는 버튼과 메뉴, 링크 등이 여기에 속한다.

커스텀 UI는 사용자가 원하는 모습으로 UI 환경을 조정할 수 있는 것을 말한다. 아주 간단한 예로, 핸드폰 배경화면을 바꾸는 것을 들 수 있다. 최근 2~3년 전부터 IT업계에서는 화면 설정 옵션에 다크 모드(Dark Mode: UI를 흰색 바탕이 아닌, 검정 바탕 기준으로 대체하는 모드)를 넣는 등 사용자가 취향대로 OS를 꾸밀 수 있게 하고 있다. 이런 커스텀의 적용 범위는 갈수록 넓어지는 추세인데 이번에 구글이 발표한 '머티리얼 유(Material You)'는 이를 잘 반영한다.

머티리얼 디자인(Material Design)은 구글이 2014년 공개한 디자인 시스템이다. 동일한 서체, 컬러, 버튼 등을 사용해 구글의 수많은 서비스, 머티리얼 디자인을 활용하는 외부 서비스의 사용자 경험을 일관성 있게 묶어주는 역할을 한다.

올해 구글이 공개한 머티리얼 유는 머티리얼 디자인에 기반을 두고 있으면서도 사용자가 거의 모든 영역에 걸쳐 UI를 본인의 취향에 맞게 변화시킬 수 있도록 했다. 이전에는 UI 시스템의 컬러 설정이 기본(흰색 바탕에 검정 글씨)과 다크 모드(검정 바탕에 흰색 글씨) 두 가지였지만 이제는 사용자의 선택에 따라 무한히 조합할 수 있다.

설정 메뉴에서 사용자가 컬러를 직접 선택할 수 있을

안드로이드 12: 머티리얼 유
소개 영상 장면 캡처

뿐 아니라, 인공지능이 이러한 설정을 도와주기까지 한다. 예를 들어, 스마트폰 배경화면을 녹색 식물이 있는 사진으로 바꾸면 UI가 그에 맞는 잘 어울리는 녹색 계열 색상으로 알아서 변경된다. 서체의 종류와 굵기, 사이즈 등에 변화를 줄 수도 있고, 버튼과 아이콘의 모양이나 둥근 정도 등도 개인의 취향에 맞게 선택할 수 있다.

사용자의 디자인 개인화 작업에서 접근성(Accessibility: 신체적 한계가 있는 사람도 사용할 수 있는 수준) 기준은 걱정할 필요가 없다. 머티리얼 유가 알아서 색상과 사이즈 대비 등을 계산해 적용해 주기 때문이다.

이러한 커스텀 UI는 사용자가 OS를 직접 꾸미고, 디자인할 수 있게 하여 사용자와 플랫폼 사이의 끈끈한 유대관계를 형성시켜 준다.

커스텀 디자인 적용을 위한 조건

머티리얼 유 수준의 커스텀이 가능한 디자인 시스템을 구축하려면 기본적으로 몇 가지 필수 요건이 충족되어야 한다.

우선 바탕이 되는 기본 디자인 시스템이 안정적으로 구축되어 있어야 한다. 머티리얼 디자인이라는 기본값이 탄탄하게 잘 구축되어 있었기 때문에 커스텀 요소인 변수(Variants)의 계산과 적용이 가능했다. 그런 의미에서 잘 잡힌 기본 디자인 시스템은 건물의 기둥과 같다. 기둥이 잘 받치고 있어야 다양한 방식으로 건물을 올리고 치장도 할 수 있기 때문이다.

디자이너와 엔지니어의 협업은 필수다. 개인화 서비스를 하기 위해는 셀 수 없이 많은 변수에 대비해야 한다. 이것은 코드 몇 줄로 해결되는 간단한 일이 아니다. 특히 접근성 문제를 해결하기 위한 색상 대비 지정, 보색 적용과 같은 문제는 그 기준을 세우기까지 엄청난 공이 들어간다. 수많은 컬러 세트를 나열하고 일일이 맵핑해가며 UI에 사용할 수 있는 색상 단계들을 설정하고, 주변의 다른 색상들은 어떤 식으로 자동 적용시킬지 논의해 디자이너와 엔지니어가 한땀 한땀 수작업으로 맞춰나가야 한다.

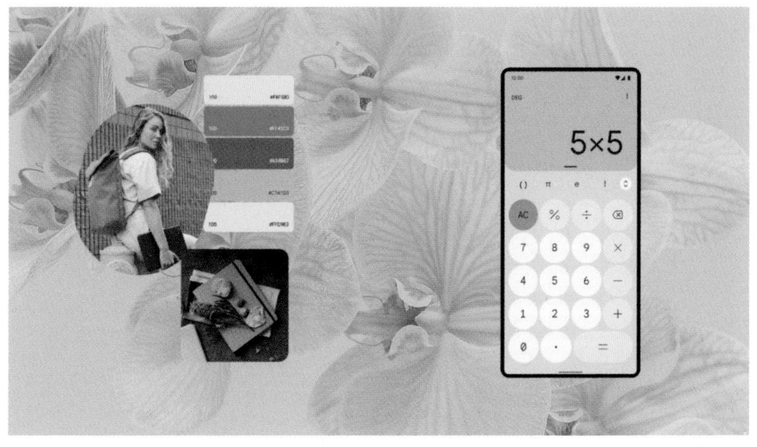

커스텀 UI 컬러 맵핑

이런 일련의 과정을 통해 비로소 머신러닝과 인공지능 설정이 빛을 발할 수 있다. 그렇지 않고 단순히 코드 몇 줄과 디자이너의 직관만 갖고 함부로 커스텀 UI를 설계한다면, 그 결과물이 사용자에게 즐거운 경험을 선사하기는커녕, 시각적 혼란만 불러올 것이다.

구글의 머티리얼 유 발표를 보며, 커스텀의 한계를 뛰어넘기 위해 오랜 시간 준비했음을 알 수 있었다. 구글이 이렇게 제대로 된 신호탄을 쏜 이상, 애플의 iOS에서도 발전된 커스텀 UI를 만날 수 있을 확률이 높아졌다. 또 구글의 자사(1st party) 서비스에 머티리얼 유가 이미 적용되기 시작한 만큼, 외부(3rd party) 서비스들에게도 빠르게 확산될 것으로 전망된다.

개인화 UI의 보급으로 인해 디자인의 대명제 중 하나로 여겨졌던, '형태는 기능을 따른다(Form follows function.).'라는 말이 '형태는 사용자의 감정을 따른다(Form follows feeling.).'로 바뀔지 모를 일이다.

디테일이
디자인의 완성도를
결정한다

세계 최고 선수들이 경쟁하는 올림픽을 보면 결국 승패는 아주 작은 차이로 결정 난다. 양궁 경기를 예로 들어보자. 출전하는 선수 대부분이 10점 만점과 9점 위주로 과녁을 맞힌다. 낮은 점수대라야 대개 8점이다. 애초에 고수들이 모여 경쟁하는 곳인 만큼 4점, 5점을 쏘는 선수는 보기 어렵다.

사용자가 이용하는 프로덕트도 마찬가지다. 수많은 제품과 서비스 중 경쟁에서 살아남아 사람들이 널리 사용하는 것은 결국, 기본 이상의 품질을 갖추고 있다는 뜻이다. 기본 기능이 잘 갖춰진 프로덕트 간의 경쟁에서 사람들의 마음을 훔치는 것은 결국 디테일 싸움일 수밖에 없다.

작은 차이가 쌓여 큰 경험을 만든다

사용자 경험은 단편적이지 않다. 프로덕트의 구조와 기능이 연속성과 반복성을 지닐 수 있기 때문이다.

애플리케이션 안의 메뉴 같은 기본 내비게이션 구조는 여러 가지 기능을 이어주는 역할을 하기 때문에 '막힘없는 연결과 흐름'을 사용자에게 '지속적으로' 제공해야 한다. 장점이든 단점이든, 작은 요소가 쌓여 전반적인 상품의 이미지를 좌우하게 되는 구조다.

내비게이션의 경험 디자인이 불필요한 과정 혹은 구조를 지니고 있거나, 알맞지 않은 서체 혹은 컬러를 사용했을 때, 사용자는 이를 사용할 때마다 단점으로 상기하게 될 것이다. 사용자는 동일한 기능의 더 좋은 디자인을 지닌 제품이 나오면 언제든 떠날 수 있다. 반대의 경우도 마찬가지다. 프로덕트를 사용할 때마다 사용자가 감탄할 수 있는 경험 디자인을 선사했을 때, 사용자는 경쟁 상품이 등장해도 좀처럼 흔들리지 않는다.

완성도 높은 디자인을 향한 여정

사실 프로덕트의 완성도는 거의 모든 영역에 적용된다. 디지털 프로덕트의 경우 로고의 적용, 컬러의 일관성, 서체의 종류와 사이즈, 버튼의 위치 등 많은 부분에 신경 써야 한다. 때로는 정답이 없는 문제를 해결하기 위해 수일을 고민해야 한다.

예를 들어 프라이머리 버튼(중요 기능을 수행하는 버튼)과 세컨더리 버튼(중요 기능을 서포트하는 버튼)이 한 페이지 안에 있을 때 이를 어떤 순서로 배치하느냐와 같은 질문이 있을 수 있다. 개인 SNS에 무언가를 포스팅하기 위해 작성 후 최종 확인 버튼을 누른다고 가정해보자. 이럴 때 업로드를 진행하게 하는 '확인' 버튼이 왼쪽에 오게 할 것인가? 아니면 이를 취소하는 '취소' 버튼이 왼쪽에 오게 할 것인가? 이 질문의 정답은 '알 수 없음'이다.

물론 우리가 흔히 업계 기준으로 삼는 구글이나 애플, 마이크로소프트의 디자인 가이드라인에는 자사 버튼을 왼쪽에 둘지 오른쪽에 둘지 밝히고 있다. 그러나 이들 사이에서도 일관된 답은 없다. 무엇이 옳은지 확실하게 대답할 근거가 되는 사용자 리서치도 존재하지 않는다. 상황과 메시지에 따라 버튼의 위치와

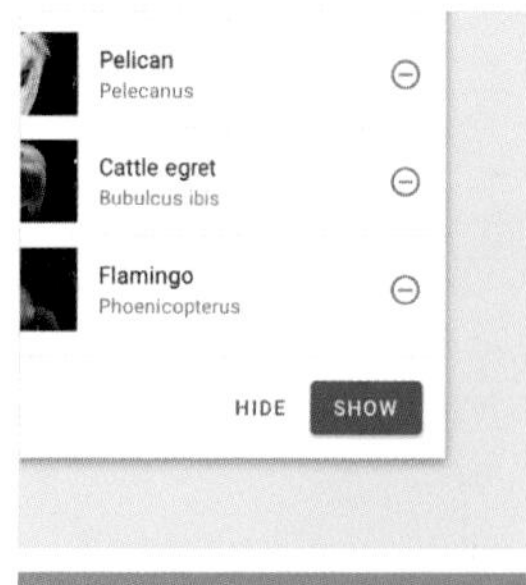

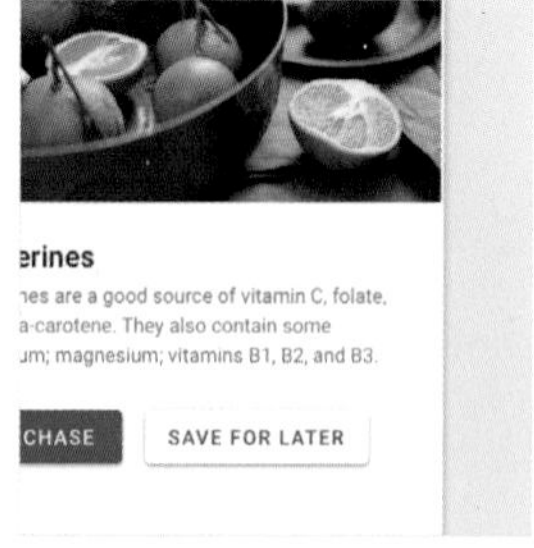

Do
In a bottom bar, when using multiple buttons, indicate the more important action by placing it in a contained button (next to a text button).

Don't
Avoid using two contained buttons next to one another if they don't have the same fill color.

구글 머티리얼 디자인의 프라이머리 버튼 순서

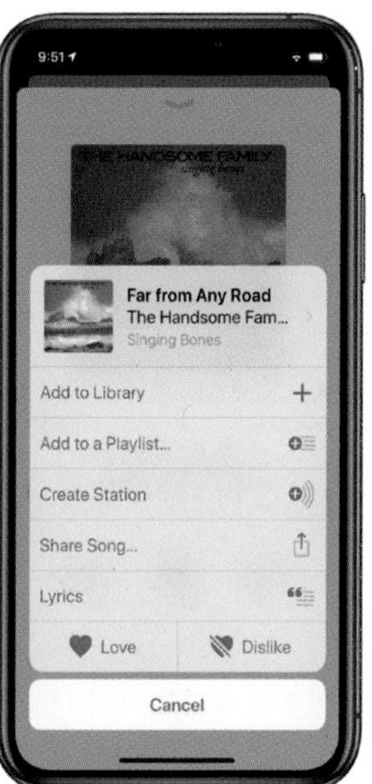

애플 iOS의 '...' 기호의 가로 방향

모양이 달라야 한다.

또 다른 예시로는 '…' 기호(생략 부호)의 축을 들 수 있다. … 기호는 정해진 공간에서 여러 아이템을 그 안에 담거나 중요 아이템을 부각하기 위해 의도적으로 다른 아이템을 기호 안에 숨길 때 사용하는 일종의 '주머니' 같은 역할을 한다.

이 기호는 공간이 상대적으로 작은 모바일 애플리케이션에서 더 자주 볼 수 있다. 이 기호는 구글의 안드로이드 디자인에서는 세로축으로 서 있고, 아이폰의 iOS에서는 가로축으로 누워 있다. 이 또한 무엇이 옳고 그른지 아무도 명확한 답을 내놓을 수 없다. 그렇다고 … 기호를 일관성 없이 가로와 세로로 섞어서 쓸 수는 없다. 효과적인 정리를 위해 사용해야 할 인터페이스가 오히려 혼란을 부추기는 주체가 되어버리기 때문이다.

결국 디자인의 완성도를 결정하는 것은 하나의 브랜드 혹은 프로덕트 안에서 어떤 기준을 세우고, 이를 얼마나 일관성 있게 적용하고 유지하느냐에 달려 있다. 버튼의 위치도 '…'의 축도 결국엔 무엇을 근거로, 어떤 기준을 세우고 일관되게 사용하기

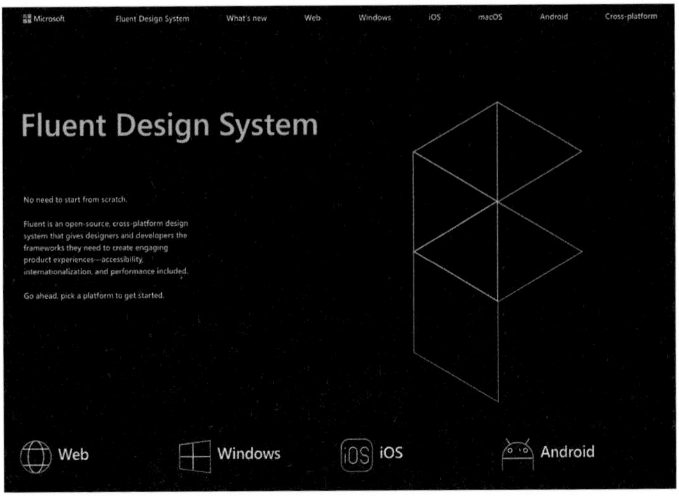

©MicroSoft

마이크로소프트의 플루언트(Fluent) 디자인 시스템

로 결정하는지가 중요하다. 그런 측면에서 구글의 '머티리얼 디자인'과 마이크로소프트의 '플루언트 디자인'처럼 선도적 기업의 디자인 시스템조차 결국에는 자신과 이를 둘러싼 에코시스템의 일관성을 유지하는 기준으로 바라보는 것이 옳다.

디자인에 정답은 없지만 확실한 것이 하나 있다. 디자인의 적용과 확장이 일관되다면, 그렇지 않은 경쟁 프로덕트에 비해 사용자들의 만족도는 크게 높아질 것이라는 점이다.

디지털 민주화의 선봉,
액세서빌리티 디자인

'액세서빌러티 디자인(Accessibility design)'은 '접근하다(Access)'와 '가능한(Ability)'이라는 의미가 합쳐진 단어로, 직역하면 '접근성 디자인'이다.

'접근성'은 문맥에 따라 다르게 읽힐 수 있지만, 디자인 업계에서는 사용자의 신체적 특성이나, 지역, 나이, 지식 수준, 기술, 체험과 같은 제한 사항을 고려해 가능한 많은 사용자가 불편 없이(혹은 최소한의 불편으로) 이용할 수 있도록 제품, 서비스를 디자인해 제공하는 것을 뜻한다.

웹사이트를 디자인할 때 시력이 좋지 못한 사용자도 대부분의 기능을 이용할 수 있도록, 서체의 크기나 배경 색상과의 대비를 조정하는 것이 접근성 디자인의 좋은 예다.

모든 사람의 평등한 사용을 보장하는 접근성 디자인은 모든 프로덕트를 만들 때 당연한 고려해야 할 사항이지만, 실제로 접근성 이슈가 있는 사람들은 사용에 높은 장벽을 경험하는 경우가 많다. 대부분의 기업은 가장 효율적으로 공략할 수 있는 건강한 성인을 타깃으로 기본 전략을 수립하기 때문이다.

자본주의 사회에서 기업은 이윤 추구를 우선 가치로 두기에 그것을 무조건 잘못된 행동이라고 비난하기는 어렵다. 하지만 모든 사람이 차별받지 않는 환경을 구축하는 것은 결국 인간의 존엄과 관련된 문제다. 어떤 경우에도 기업의 이윤 추구가 인간의 존엄보다 높은 곳에 위치할 수는 없기에, 접근성을 확보하여 누구나 평등하게 서비스를 이용할 수 있도록 보장하는 것은 21세기 디자인 정신에 포함되어야 한다.

대중의 공감대 형성은 접근성 확산을 위한 첫걸음

어떤 물건 혹은 서비스를 이용하다가 접근성에서 불만을 느꼈을 때, 나에게 국한된 불편으로 치부하지 않고 이 문제가 보편적 결함을 내재하고 있지는 않은가 공론화시키는 일은 중요하다. 이를 통해 접근성이 사회적인 문제로 논의될 수 있기 때문이다.

접근성 전문가이자 유튜버인 '루시 그레코(Lucy Greco)'는 LG의 신형 세탁기를 리뷰해 자신의 유튜브 채널에 업로드했다. 영상에서 그는 시각 장애인으로서 자신의 경험을 토대로 왜 이 세탁기의 조작 패널과 앱 모두 자신과 비슷한 환경에 처한 사람이 사용하기 힘든지에 대해 이야기했다. 중앙에 있는 메인 조작 다이얼은 시작점과 한계점 없이 돌아가고, 돌릴 때 나는 소리만으로는 어떤 기능이 작동되는지 알 수 없다는 점 등 구체적이고 자세한 지적은 많은 이들의 동의를 얻으며 화제가 되었다. SNS에서 세탁기의 접근성 디자인 문제가 공론화된 이후, LG는 이 문제를 해결할 팀을 구성하고, 루시 그레코를 문제 해결을 위한 전문위원으로 위촉하겠다며 적극적으로 해결 의지를 밝혔다.

루시 그레코가 이런 문제점에 대해 지적하는 비디오를 만들어 대중들과 공론화하지 않았다면, 그와 비슷한 상황에 있는 많은 소비자들은 고통받았을 것이고, 제조사인 LG도 자사 제품의 부족한 점을 보완할 기회를 놓쳤을 것이다. 문제의 지적과 그것의

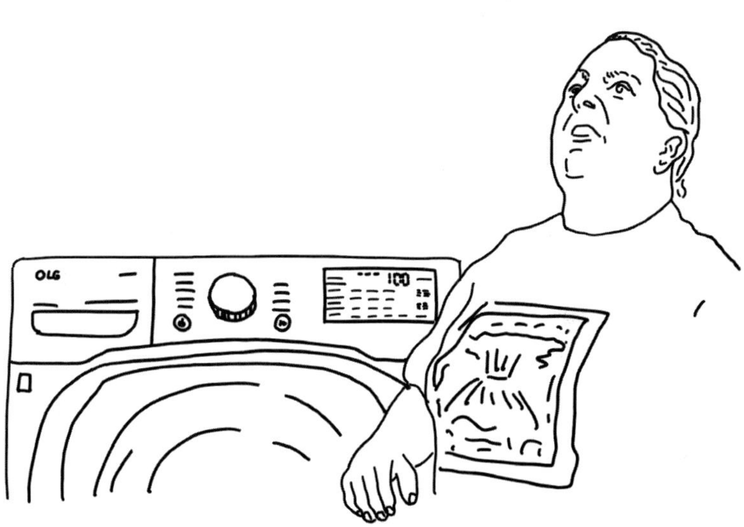

접근성 전문 유튜버 루시 그레코와 LG 세탁기

합리적 수용은 디지털 시대 프로덕트 디자인 프로세스의 가장 기본적 전제이며, 이는 소비자와 제조사 모두에게 도움이 된다.

정부의 관련 기준 마련은 변화의 촉매제

W3C(국제민간표준화기구, World Wide Web Consortium)는 웹 주소 첫마디인 'www'를 사용하는 모든 웹의 보편적인 기준 및 사용 가이드를 만드는 국제 민간 기구다. 이곳에서는 WCAG(W3C Accessibility Guidelines)와 같이 프로덕트의 접근성 향상을 위한 디자인 가이드를 제공하여 대중의 인식 재고를 돕고, 기업이 상품과 서비스를 개발할 때 접근성을 향상할 수 있도록 한다. 한국은 '한국웹접근성평가센터' 등의 민간 기구에서 비슷한 노력을 기울이고 있다. 하지만 이런 단체들은 어디까지나 업계 통용 기준을 만들거나 특정 사안에 대해 전문적인 의견을 제안할 뿐이지, 강제성은 없다. 그래서 접근성 이슈에 있어 정부의 역할이 중요하다.

미국의 'U.S. Section 508' 법령은 미국 내 모든 정부 기관의 ICT(정보 및 의사소통 수단, Information and communication technology)가 법령이 정한 접근성의 기준을 반드시 갖출 것을 요구하고 있다. 이에 따라 미국 정부의 정보가 담긴 모든 콘텐츠는 웹, 모바일, PDF, 소프트웨어를 비롯한 어떤 환경에서도 누구나 불편 없이 사용할 수 있게 구축되어야 한다. '이 법령은 국가 관련 콘텐츠나 플랫폼에 한정해 적용되기 때문에 큰 영향을 미치지 못하는 것이 아닌가?' 하는 의문이 들 수 있지만, 현실에서 이 법령은 엄청난 파급력을 가지고 있다.

미국의 U.S. Section 508과 유럽의 EN 301 549 같은 접근성 관련 국가 법령은 애플이나 마이크로소프트 같은 빅 테크 기업에게 영향을 미친다. 정부가 사용하는 서비스와 플랫폼이 이런 테크 기업의 인프라스트럭처나 프로덕트인 경우가 대부분이기 때문이다. 기본적으로 이 접근성 기준에 부합해야만 천문학적 규모의 정부 사업 수주가 가능하기에 기업 입장에서는 필수 고려 사항이 되어가는 추세다.

기업의 전략적 행보

이처럼 접근성에 대해 일반 대중의 관심이 높아지고 정부의 정책과 법령이 갖춰짐에 따라 기업들이 접근성 이슈를 더 적극적으로 받아들이고 있다. 특히 마이크로소프트의 경우는 앞에서도 언급한 기준들(미국의 U.S. Section 508, 유럽의 EN 301 549, W3C의 WCAG) 모두를 접근성 디자인의 기본 바탕으로 사용한다고 밝혔다.

접근성 디자인을 홍보해 '개념 있는 회사'임을 과시하기도 한다. 마이크로소프트는 2019년 슈퍼볼 광고에서 '우리 모두가 승리한다(We all win)'라는 제목으로 Xbox 게임기의 액세서빌러티 컨트롤러를 전면에 소개했다. 이 제품은 '현재 시판되는 제품 중 가장 사려깊은 접근성을 적용하고 있다'는 평가를 받는다.

전 세계인의 이목이 집중되며 광고비가 30초에 수백만 달러를 호가한다는 상업 광고의 월드컵인 슈퍼볼에서 마이크로소프트는 제품의 성능에 대한 자랑이 아닌, 모든 사용자가 함께 할 수 있는 제품을 만드는 회사의 철학을 전면에 내세웠다. 이를 통해 화제의 중심에 서며 거대한 브랜드 이미지 상승효과도 거둘 수 있었다.

엑스박스의 엑세서빌리티 컨트롤러 슈퍼볼 광고 장면

이처럼 접근성을 높이는 행위가 비즈니스의 경쟁력이 되는 환경이 조성된다면 앞으로 기업은 여기에 얼마든지 더 많은 자본을 투자할 것이다. 그러다 보면 접근성을 고려하지 않는 비즈니스는 경쟁에서 자연스럽게 뒤처지게 될지 모른다.

기술은 소수의 이익을 충족시키기는 방향이 아닌, 많은 사람이 함께 혜택을 누리고 닫혀 있던 가능성을 여는 방향으로 진보해야 한다. 이런 측면에서 접근성 디자인은 기술과 사람 사이를 연결하는 다리 역할을 한다. 개인과 기업 그리고 정부의 관심과 노력으로 기술과 제품, 서비스의 발전을 모두가 누릴 수 있는 생태계를 구축해야 한다. 접근성 디자인을 통해 우리는 진정한 기술 민주화에 한걸음 더 가까이 갈 수 있고 이를 통해 더 많은 인류 가능성의 문을 열 수 있다.

> "웹의 힘은 그 보편성에서 나온다. 장애에 구애받지 않고 모든 사람이 사용할 수 있게 만드는 것은 핵심적인 부분이다."
> The power of the Web is in its universality. Access by everyone regardless of disability is an essential aspect.
>
> _www의 창설자이자, W3C의 관리자, 팀 비머스 리(Tim Berners-Lee)

요즘 디자인
그리고
디자이너

"디자이너가 그런 것도 하나?"

"에이, 그건 디자인이 아니지 않나?"

디자인 그리고 디자이너의 정의에 대해 이야기할 때 가끔 듣는 말이다.

디자이너는 '문제를 해결하는 사람'이고, 디자인은 '유·무형의 문제를 해결하기 위한 방법 혹은 결과'라고 생각한다. 하지만 디자이너가 아닌 사람들과 이야기하다보면 평소에 지니고 있던 디자이너에 대한 선입견과 괴리가 발생한다.

디자인은 시대와 환경에 따라 빠르게 변한다. 모든 사람이 디자인 업계의 변화를 인지하거나 이해하고 있지는 않다. 그렇기 때문에 디자이너들은 다양한 채널로 지금 이 시대의 디자인은 무엇인가에 대해 끊임없이 소통해야 한다. 개인적으로 디자인과 디자이너라는 직업에 관해 종종 받는 질문 5가지에 대한 생각을 공유해보려 한다.

문1: 디자이너는 원하는 일만 할 수 있어서 좋을 것 같다.

답: 그렇게 생각할 수도 있지만, 반드시 그렇지는 않다.
당연히 자신의 일과 직업을 사랑할 수 있다. 하지만 정당한 대가를 받고 하는 일 중에 쉽고 재밌기만 한 일이 얼마나 있을까? 디자인은 상업 행위다. 작가가 열정을 갖고, 원하는 것을 추구하는 순수 예술이 아니다.
예술과 디자인을 같은 선상에서 이야기하는 사람이 많은데, 그 둘을 구분하는 요소 중 하나가 클라이언트(고객)의 유무다. 클라이언트는 디자이너가 무언가를 만들거나 해결하기 위한 주체이자 시작점이다. 인하우스 디자인 팀이든 디자인 에이전시이든 디자이너에게는 반드시 클라이언트가 존재한다. 고객의 비즈니스 니즈와 처한 환경, 그리고 이를 바탕으로 한 전략을 반드시 이해하고 디자인해야 한다. 클라이언트 혹은 조직의 목적을 달성하기 위한 행위를 디자이너 개인 선호도의 시각으로 평가하는 것은 옳지 않다.

문2: **디자인에 치중한 나머지 사용성이 떨어지는 결과물을 보면 어떤 생각이 드나?**

답: 그건 디자인에 치중한 결과가 아니다.

프로덕트가 디자인에 과하게 치중되어 사용성이 떨어진다는 말은 디자인의 뜻을 제대로 인지하지 못해 나오는 틀린 표현이다. 많은 사람이 디자인과 데코레이션을 혼동한다. 포괄적인 측면에서 디자인 안에 데코레이션이 들어가는 것이 사실이지만, 디자인이 문제 해결 과정을 가장 중요시 여기는 데 반해, 데코레이션은 미적인 부분의 즉각적 향상에 초점을 맞춘다.

가방을 디자인한다고 가정했을 때 디자인은 이것을 '왜' 만드는지부터 파악해야 한다. 어떤 사용자가 어떻게 활용할지에 따라 가방이 지닌 크기와 형태, 무게, 재질 등이 결정된다. 가방으로서의 기능을 충실히 수행할 수 있도록 기초를 구성한 후 어떤 색상과 패턴 혹은 소재가 소비자들의 눈을 사로잡을지 판단하고 데코레이션한다. 시각적으로 보기 좋게 가방을 치장했지만 사용하기에 불편한 가방을 우리는 '디자인이 잘 되었다'고 말하지 않는다. 그러므로 보기만 좋고 쓸모없는 프로덕트를 보았을 때 '디자인에 치중했다'라기 보다 '디자인이 제대로 이루어지지 않았다'라고 표현해야 옳다.

문3: 디자이너는 의사 결정을 하는 사람들은 아니지 않나?

답: 디자이너 출신도 의사 결정권자가 될 수 있고, 실제로 그렇게 변화하고 있다.

먼저 전제할 것이 있다. 디자이너라는 직업과 의사 결

정이라는 행위를 같은 카테고리에 놓는 것이 애매하다는 점이다. 디자이너는 직업의 종류이고, 의사 결정의 권리는 직급과 관계되어 있기 때문이다.

전통적으로 비즈니스 전문가가 상위 직급을 차지하고 있는 조직이 많았기 때문에 디자이너가 의사 결정을 하는 것이 생소하게 여겨질 수 있다. 하지만, 제조업 같은 전통적 산업군과 디지털 중심 플랫폼 회사는 의사 결정 구조에서 차이가 있다. 생산 라인이 차질 없이 작동하는 것이 가장 중요한 제조업은 당연히 프로젝트 매니저 혹은 상품을 생산(구현)하는 일을 하는 구성원의 입김이 세지만, 빠른 의사결정이 중요한 에자일 중심의 디지털 기업에서는, '무엇이 가능한가?' 만큼 '어떻게 가능한가'도 중요하다.

비즈니스 환경이 빠르게 디지털화하는 지금, 기업 현장에서는 '문제를 어떻게 해결할 것인가?'를 주로 고민해온 디자이너들의 입김이 날이 갈수록 커지고 있다. 소비자가 원하는 것, 사용자가 바라는 것을 가장 빨리 알아채고 적용할 수 있는 직군이 바로 디자인이기 때문에, 더 많은 디자이너 출신의 CEO와 임원이 탄생하는 것이다.

문4: 디자이너는 무엇이든 아름답게 만드는 직업인가?

답: 대부분 그렇다.

미적인 부분을 제품에 가미해 사용자의 감정에 어필하는 것은 디자인의 중요한 역할 중 하나다. 수식과 이성만으로는 설명할 수 없는 그 무언가를 조형적 요소에서 찾는 것도 분명 디자이너의 역할이다.

하지만 디자이너는 아름답지만 쓸데없는 '쓰레기'를 만들어서는 안 된다. 사용자가 정상적으로 활용할 수 있는 제품을 기획하고 이를 충실히 구현하는 것이 때로는 얼마나 아름답게 만들지 보다 중요하다.

디자이너는 심미성을 극대화하기 위해 노력해야 하지만, 사용성과 비즈니스적 우선순위를 고려해 디자인 요소의 미적 수준을 의도적으로 조절하는 역할도 해야 한다. 프로덕트 안에 들어 있는 수많은 요소가 서로의 존재 가치를 뽐내기 위해 화려함만을 추구한다면, 결국엔 너무 산만하거나 과한 디자인 결과물이 나올 수밖에 없다. 이럴 때 올바른 룰과 가이드를 통해 디자인 요소들의 우선순위를 정하고 그들의 강약을 체계적으로 조절해야 한다.
어디에 어떻게 힘을 주냐보다 어디에서 어떻게 힘을 빼느냐가 더 중요할 때가 있다.

문5: 디자이너는 주로 어디에서 영감을 받나?

답: 영감을 받는 곳은 다양하다.
개인적으로는 크게 두 가지 측면에서 영감을 받는다. 하나는 디자인 전반에 관한 보편적 영감이다. 멋진 예술 작품, 선도적인 디자인 제품, 최신 기술, 디자인 방법론, 디자인 역사 등 예술과 디자인 업계 전반에서 영감을 받는다.

다른 하나는 내가 현재 하고 있는 프로젝트를 위한 영감이다. 진행하는 작업에 부합하는 산업의 역사, 대표 브랜드의 스토리와 결과물, 해당 분야에서 활발히 활동하는 디자이너의 작업물, 관련 리서치, 적용 가능한 기술 등이 모두 영감의 원천이 된다. 예술과 디자인에 대한 기본적인 소양을 갖춘 디자이너라면 작업하게 될 관련 분야의 지식들 대부분이 영감의 원천이 된다.

Chapter 3

프로세스와 시스템으로 디자인하기

디자인 프로젝트를 이해하기 위해 알아야 하는 필수 용어

디자인 시스템은 브랜딩, UX/UI 그리고 리서치 등과 같이 다양한 분야에 걸쳐 체계를 정립하는 것인 만큼, 필수 용어의 정의가 중요하다. 그래서 독자들의 이해를 위해 이 책에서 여러 차례 언급하게 될 필수 용어를 정리하고자 한다.

짧지 않은 시간 디자이너로서 필드에서 체득한 시선이 반영된 정의들이다. 개인적으로 용어의 개념을 확실히 모르고 관련된 지식을 접했을 때 이를 이해하고 나중에 다시 사용하는 데 많은 어려움을 겪었었다. 그래서 시간이 날 때마다 현장에서 쓰이는 용어를 정리했는데 그중 이 책의 내용과 관련 있는 것들 위주로 공유하고자 한다.

신는 순서는 중요도와 관련 없음을 밝힌다. 용어는 카테고리로 1차 분류하였고, 맥락과 적용 스케일에 따라 나열했다.

1. 직무&역할

· 컨슈머(Consumer): 대중 소비자.

· 클라이언트(Client): 프로젝트를 의뢰하는 주체.

· 사용자(User): 프로덕트나 서비스의 사용자.

· 디자인 매니저(Design manager): 디자인 프로젝트의 여러 측면(디자인의 방향성의 수립과 전략의 실천, 퀄리티 체크, 클라이언트 소통)을 책임지는 리더.

· 디자이너(Designer): 문제 해결 과정에 필요한 여러 프로세스(리서치, UX/UI, 프로토타입 등)를 직접 실천하는 사람.

· 프로젝트 매니저(Project manager): 프로젝트의 초창기 기획부터 실행과 실제 적용까지 모든 과정을 관리하고 조율하는 프로젝트의 동반자.

· 프론트 엔드 엔지니어(Front end Engineer): 사용자들이 활용하는 유저 인터페이스(UI)를 구현하는 개발자.

· 백 엔드 엔지니어(Back end Engineer): 프로덕트의 실제 기능을 구현하고 이를 프론트 엔드와 이어주는 개발자.

· 풀 스택 엔지니어(Full stack Engineer) : 프론트 엔드와 백 엔드 모두 가능한 전천후 개발자.

2. 프로덕트&프로젝트

· 인프라스트럭처(Infrastructure): 기술의 근간이 되는 기간 시설 및 프로그램.(예. 클라우드 인프라, 5G 네트워크 등)

· 플랫폼(Platform): 인프라스트럭처를 근간으로 다양한 관련 솔루션을 만들 수 있게 도와주는 일종의 생태계.

· 프로덕트/제품(Product): 브랜드의 가치가 반영되어 만들어진 상징이 담긴 유무형의 솔루션. 하드웨어 제품(스마트폰, 컴퓨터 등)과 소프트웨어 플랫폼/서비스(SNS, 동영상 플랫폼 등) 모두 포함.

· 서비스(Service): 사용자가 어떠한 목적을 이룰 수 있도록 구축된 솔루션.
· 기능(Feature): 사용자가 필요로 하는 행위를 가능하게 하는 장치.
· 프로젝트(Project): 브랜딩과 프로덕트 구축 과정에서 특정 목적을 달성하기 위한 기획과 실천 행위.
· 사용자 플로우(User flow): 특정 상황에서 사용자가 어떤 단계로 제품이나 서비스를 활용하는지 분석해 스토리로 만드는 일.
· 사용자 경험(UX): 사용자가 프로덕트나 서비스의 상세 기능을 사용할 때 거치게 되는 전반적 경험의 총합.
· 사용자 인터페이스(UI): 사용자가 프로덕트나 서비스를 사용할 때 직접 보고 활용하게 되는 디자인 컴포넌트.

3. 디자인&프로세스

· 브랜드(Brand): 어떠한 가치, 철학, 조직 혹은 체계에 대

해 사람들의 관념과 평가가 모여 형성된 무형의 존재.

· 브랜딩(Branding): 브랜드라는 결과물을 만들기 위한 총체적 과정과 행위.

· 로고(Logo): 브랜드의 가치를 함축적으로 담아낸 시각 상징체계이자 브랜딩의 꽃.

· 아이콘(Icon): 특정 의미를 단순화하여 조형으로 나타낸 시각 상징.

· 일러스트레이션(Illustration): 보는 이가 정보를 습득하거나, 특정 감정을 느끼거나, 어떤 행동을 하도록 돕는 시각적 묘사.

· 디자인 시스템(Design system): 브랜드가 활용하는 모든 디자인과 프로세스 그리고 이들의 적용 사례의 총합.

· 플레이북(Playbook): 프로덕트나 서비스 디자인을 적용할 때 참고해야 할 맥락(Context)과 프로세스 그리고 활용 툴을 기록한 문서.

· 스타일 가이드(Style guide): 프로덕트에 브랜드 상징(로고, 색상, 서체)이 어떻게, 왜 적용되었는지 설명하고 올바른 사용법을 소개한 것.

· 레드 라인(Red line): 사용된 디자인 컴포넌트와 그것의 배치를 수치화해 기재함으로써 엔지니어가 구현하기 쉽도록 돕는 문서.

· 페르소나(Persona): 브랜드 고객의 유형을 분석해 직업, 직급, 나이, 맥락, 환경 등의 통계적 데이터를 기반으로 구축한 가상의 인물형.

· 시나리오(Scenario): 구축된 페르소나를 기반으로 이들이 브랜드 혹은 그것의 프로덕트와 어떤 관계를 형성하는지 분석해 스토리로 엮은 것.

· 디자인 에셋(Design assets): 디자인을 구축할 때 사용되는 모든 종류의 재료들.(예. 이미지, 텍스트, 컬러, 컴포넌트 등)

· 디자인 컴포넌트(Design components): 사용자 인터페이스에 구축을 위해 만들어진 구성 요소.(예. 버튼, 검색창, 아이콘 등)

· 사용자 테스팅(User testing): 프로덕트 완성 전후 시점에 사용자가 활용도를 판단하기 위해 시험 구동해보는 것.

· 사용자 데이터(User data): 사용자 테스팅 결과, 텔레메

트리 데이터(프로덕트 사용 시 자동으로 수집되는 데이터)와 같이 프로덕트 사용과 관련된 모든 데이터.

· 데이터 분석(Data analysis): 사용자 데이터를 기반으로 의미 있는 패턴과 현상을 발견하는 행위.

· 사용자 접근성(Accessibility): 몸이 불편하거나 쉽게 프로덕트를 활용할 수 없는 상황에 있는 사용자를 위한 디자인적 고려 혹은 대안.

디자인 시스템의 구성 요소는 무엇일까?

디자인 시스템은 브랜드가 활용하는 디자인과 프로세스 그리고 이들의 적용 사례의 총합이라고 앞서 정의내린 바 있다. 이 디자인 시스템을 구축할 때 어떠한 부분들을 고려해야 할까?

디자인 시스템은 확장하는 플랫폼 혹은 서비스에 반드시 필요하다. 하지만 그 필요성에 비해 체계가 제대로 잡힌 곳은 거의 없다. 디자인 시스템이 전무하거나, 디자인 시스템이 있긴 하지만 아직 많이 발전해야 하거나, 디자인 시스템이 어느 정도 규모를 갖췄지만 방향성을 대폭 수정해야 하는 경우가 대부분이다. 디자인 시스템은 유기체적인 성격을 지니고 있어 계속 발전하고 성장한다. 그리고 조금만 관심을 주지 않아도 허약해지거나 아프기 일쑤다. 그렇기 때문에 체계를 갖추고, 이를 관리하고, 개선하고, 발전시켜야 한다.

다년간 마이크로소프트의 디자인 시스템을 구축하며 직접 정리한, 디자인 시스템 구축 시 필요한 필수 구성 요소를 소개하면 아래와 같다.

디자인 프린시플(Design principle)

디자인 프린시플(디자인 원칙)은 '디자인 시스템 전체의 성격과 방향성을 결정하는 대전제'로, 디자인을 사용하는 회사나 조직이 추구하는 가치와 방향성을 아우를 수 있는 디자인 철학을 미션 스테이트먼트(Mission Statement)와 몇 가지의 행동 강령에 담는 것이다. '이 브랜드의 디자인은 무엇'이라고 직관적으로 설명할 수 있어야 하며, 이유와 맥락에 대한 설명이 필요하다.

현 시점을 기준으로, 디자인 시스템을 가장 잘 구축한 회사로 손꼽히는 '애플'의 디자인 프린시플은 다음과 같다.(각각의 프린시플이 지닌 첨부 설명은 생략함)

〈애플: 휴먼 인터페이스 가이드〉

최상의 임팩트와 전달력을 지니기 위해, 당신이 앱을 만들 때 아래 항목을 반드시 명심하시오.

To maximize impact and reach, keep the following principles in mind as you imagine your app's identity.

미적 완결성 | 일관성 | 직관적 조작 | 인지적 피드백 | 은유적 접근 | 사용자 중심

Aesthetic Integrity | Consistency | Direct Manipulation | Feedback | Metaphors | User Control

브랜드 스타일 가이드(Brand style guide)

디자인 시스템에 반드시 포함되어야 하는 것 중 하나가 브랜드 스타일 가이드다. 브랜딩의 방향성은 다른 모든 디자인 요소에 영향을 미치기 때문이다. 브랜드 스타일 가이드는 브랜드를 구성하는 상징인 로고, 색상, 서체의 선택과 그것의 구성을 일목요연하게 정리한 것을 의미한다. 로고에 담긴 의미, 프라이머리(중심이 되

는) 컬러 선정 이유 등에 관해 설명하고 예시를 통해 실제 제품이 나 광고 마케팅에 어떻게 적용할지 보여준다. 로고나 주요 문구를 어떤 방식과 사이즈로 어떻게 적용하면 되는지 혹은 안되는지 등을 시각적으로 공유함으로써 잘못된 사용을 방지한다.

디자인 툴킷(Design toolkit)과 디자인 가이드(Design guide)

디자인 툴킷은 프로덕트를 디자인할 때 중심이 되는 도구 중 하나다. 프로덕트를 구성할 때 사용하는 모든 컴포넌트와 패턴 등을 카테고리에 맞게 정리하고 그것의 베리언트(Variants: 상황에 따라 변화하는 상태 옵션들)로 구성한다. 레고 블록을 보관할 때 다양한 모양의 블록을 용도에 따라, 크기와 색상에 따라 구분해 두는 것을 상상하면 이해하기 쉽다. 이 툴킷은 새로운 컴포넌트와 패턴이 생길 때마다 계속해 늘어나므로, 확장성을 염두에 둔 구조로 만드는 것이 중요하다.

디자인 가이드는 디자인 툴킷에 나온 디자인에 대한 자세한 설명과 적용 방법을 담고 있으며, 디자인 툴킷과 쌍으로 움직인다. 디자인 툴킷이 빠르게 보고 선택해 사용하는 일종의 인덱싱(Indexing)을 위한 도구라면 디자인 가이드는 해당 컴포넌트와 패턴을 알맞게 사용할 수 있도록 돕는 컴페니언(Companion) 도구다. 툴킷에서 본 디자인을 별다른 설명 없이 바로 활용할 수도 있겠지만 잘못 적용할 경우 나중에 고칠 때 더 큰 문제가 될 수 있고, 일관성을 해칠 수 있다. 그런 만큼 컴포넌트와 패턴의 사용 원리, 룰, 적절한 사용 예시를 제시하는 디자인 가이드는 디자이너의 필수 아이템이다.

코드 컴포넌트 라이브러리(Code component library)

디자인 툴킷에 담긴 여러 가지 컴포넌트에 코드를 입혀 목록화한 것이다. 디자인 시스템에서 코드 컴포넌트 라이브러리는 디자인 툴킷 만큼이나 중요하다. 디자이너와 엔지니어는 툴킷에 담긴 컴포넌트와 코드 라이브러리를 다리 삼아 소통한다고 해도 과언이 아니다.

제대로 된 코드 라이브러리를 만들어 놓으면 재사용하

거나 업데이트하기 편하다. 예를 들어 디자인에 버튼을 넣을 때, 코드 라이브러리가 없다면 매번 버튼에 코드를 입히는 작업을 해야 할 것이다. 그러나 코드 라이브러리를 만들어 놓으면 이 과정을 생략할 수 있다.

시각적 일관성과 엔지니어링의 효율성을 위해 코드 컴포넌트 라이브러리는 꼭 필요하다.

프로토타입 라이브러리(Prototype library)

프로토타입 라이브러리는 프론트 엔드 혹은 프로토타이핑 툴을 통해 사용자 UX/UI를 구현한 작업의 모음이다. 프로토타입은 백엔드 엔지니어링이 들어간 것이 아니어서 기능이 구동되지 않지만 실제 UX/UI가 어떻게 보여지는가를 점검해 결점을 찾고 보완할 수 있는 중요한 작업이다.

프로토타입을 만들며 이를 한 곳에 정리해 라이브러리로 구성하면 유저 테스팅과 리서치를 더 정교하게 할 수 있다. 프로토타입 라이브러리에 코드 컴포넌트 라이브러리의 요소 일부를 활용할 수도 있고, 프로토타입을 구축하며 만든 개선된 컴포넌트를 역으로 코드 라이브러리에 활용할 수도 있기에 둘은 서로 깊은 연관성을 가진다.

아이콘&일러스트레이션 라이브러리(Icon&Illustration library)

아이콘과 일러스트레이션 라이브러리에는 아이콘과 일러스트의 모양, 색깔과 레이아웃 적용 원칙 그리고 예시를 담는다. 아이콘과 일러스트레이션은 프로덕트의 분위기를 좌우하는 데 중요한 역할을 하지만, 적절한 가이드와 잘 구축된 라이브러리가 없으면 스타일의 일관성이 무너질 수 있다. 또한, 문화적인 측면과 인종 혹은 젠더 이슈와 같은 다양한 부분을 적절하게 반영해야 하는 만큼, 체계적인 구축과 꾸준한 관리가 필수다.

플레이북과 디시전 트리(Playbook & Decision tree)

플레이북은 '사용 설명서', 디시전 트리는 '의사 결정 사다리'로 생각하면 간단하다. 작업 과정에서 일어날 수 있는 다양한 상황을 해결할 때 맥락과 프로세스를 제공하고 디자인 시스템 사용자의 결정을 돕는 역할을 하는 도큐먼트다.

플레이북은 조금 더 종합적인 접근 및 프로세스에 관한 가이드를 담고 있다. 가령 디자인 시스템을 담당하는 팀이 있다면, 디자인 시스템 팀 플레이북을 만들어 이 팀이 어떠한 방식으로 작업을 진행하는지, 다른 프로덕트 팀과 어떻게 연계하는지, 그들이 사용하는 기술이나 프로그램에는 어떤 것들이 있는지를 설명한다.

디시전 트리는 특정 상황 속에서 결정을 내리는 데 도움을 준다. 디시전 트리는 플레이북 안에 포함되기도 하는데, 어떤 프로덕트가 사용하는 디자인 컴포넌트를 어떠한 테크 스텍을 통해 엔지니어링 할지 고민 될 때 결정을 내릴 수 있게 한다.

민주적 디자인 시스템 구축을 위한 체계

민주주의 사회에서 안정된 국가 운영을 위해서는 잘 정비된 법령 체계가 필요하다. 국민의 권리와 의무, 정부 구조, 경제 질서 및 선거 관리 등에 관한 기본적인 사항을 규정하는 헌법은 모든 것의 바탕이자 관련 법령의 제정과 개정의 기준과 근거가 된다.

디자인 시스템에도 나라를 잘 운영하기 위해 가치 체계를 정립하고, 구조적으로 법제화하는 것과 같은 작업이 필요하다. 디자인 시스템의 가치를 어긴다고 해서 실제 생활에서의 구속력이나, 실정법 위반 시 받게 되는 형벌 같은 것이 존재하지는 않는다. 하지만, 디자인이라는 하나의 시스템을 구축하고 발전시키는 과정에 사용자 가치와 규범이 공존하지 않는다면, 이는 실체

없는 메아리가 될 확률이 크다.

그렇다면 하나의 디자인 생태계 안에 공존하는 사용자들의 상생을 위한 구조적 접근에 필요한 것은 무엇일까?

디자인 프린시플(Design principle)은 '헌법'에 해당한다

디자인 프린시플은 가장 범용적인 원리, 원칙인 만큼 복잡해서는 안 된다. 시류의 흐름에 쉽게 바뀌어서도 안 되며, 생태계에 속한 모든 사람이 공감할 수 있는 가치를 포함해야 한다. '「대한민국헌법」 제11조 제1항: 모든 국민은 법 앞에 평등하다. 누구든지 성별·종교 또는 사회적 신분에 의하여 정치적·경제적·사회적·문화적 생활의 모든 영역에 있어서 차별을 받지 아니한다.'처럼 간결하지만 이 사회가 어떤 지향점을 추구하는지 명백히 나타나야 한다.

현재 마이크로소프트의 디자인 시스템인 '플루언트(Fluent)'는 세 가지의 디자인 프린시플을 담고 있다.

· Natural on every device(모든 기기에 적합하다): 클라우드 시대 속 플랫폼 디자인의 광범위한 적용 가치의 반영.
· Intuitive and powerful(직관적이고 강력하다): 혁신적인 디자인을 통한 사용자 중심 가치의 반영.
· Engaging and immersive(사용하기 좋게 스며든다): 괴리감 없는 사용자 디자인의 가치 추구 반영.

이 짧은 세 가지의 프린시플이 함축적으로 지닌 의미와 맥락은 헌법처럼 다양한 해석과 발전을 만들어 낼 수 있다. 여기서 진일보한 더 구체적인 방법과 기준 등에 관한 이야기는 다음 단계인 로컬 디자인 프린시플과 플레이북에서 이어진다.

로컬 디자인 프린시플(Local design principle)은 지역의 '자치법규'에 해당한다

미국은 50개의 주가 합쳐 연방을 이루고 있는 국가다. 그들의 역사 속에서 알 수 있듯이 각각의 주는 거의 하나의 나라로 봐도 무방할 정도로 다양한 가치 기준과 법령을 갖추고 있다. 그래서 미국에는 연방법과 주법이 공존하고 이들 모두 존중받는다.

디자인 프린시플도 마찬가지다. 프로덕트의 종류가 다양하고 사용자 스펙트럼이 크게 나뉘는 대기업이나 플랫폼의 경우 디자인 프린시플보다 한 단계 더 구체화된 형태의 기준이 필요할 때가 있다. 특히 한 기업의 프로덕트라 하더라도 그들의 공략 대상이 하나는 B2B이고 하나는 B2C라면 같은 기준이라 해도 해석의 여지가 다를 수 있다.

예를 들어 앞서 언급한 'Natural on every device(모든 기기에서 자연스럽다)'라는 부분은 B2C의 경우 PC, 스마트폰, 태블릿 정도가 일반적인 경우지만, B2B로 영역을 확장하게 되면 바코드 스캐너, RFID* 리더기, 특수 업무용 웨어러블 기기 및 프린터 등과 같이 일반적인 소비자는 한 번도 사용해 보지 못한 기기까지 포함해야 하는 경우가 많다. 그런 만큼 사용하기 좋고 일관된 디자인을 적용하기 위한 기준과 맥락을 프로덕트 팀에 제시하기 위해서는 로컬 디자인 프린시플 확립이 필요하다.

* 반도체 칩이 내장된 태그(Tag), 라벨(Label), 카드(Card) 등의 저장된 데이터를 무선주파수를 이용하여 비접촉으로 읽어내는 인식시스템.(출처:doopedia)

플레이북(Playbook)은 사용 설명서다

규정된 원리, 원칙인 디자인 프린스플을 실제로 적용하기 위한 프로세스와 구체적 예시, 담당자 연락처 등을 담고 있는 것이 플레이북이다. 특히 어느 정도 규모가 갖춰진 회사의 경우 플레이북 시리즈의 구축은 필수다. 새로운 인력이 배치되거나 기존의 인력이 교체되더라도, 구축해놓은 디자인과 작업의 진행이 끊기지 않도록 도와주는 가장 중요한 연결점이 되기 때문이다.

같은 조직이나 팀이 아닌 경우 서로 일하는 방식과 맥락이 달라 커뮤니케이션에 어려움을 겪을 수밖에 없는데, 플레이북이 잘 갖춰져 있으면 다른 팀과의 소통에도 큰 도움이 된다. 플레이북의 경우 구체적인 사안과 영역에 대한 명시가 중요하다. 법령도 민법, 상법, 노동법, 경제법, 사회보장기본법 등으로 구체적인 카테고리가 나뉘는 것처럼 플레이북도 어떠한 것에 관한 플레이북인지 명확해야 한다. 플레이북 안에는 구체적인 행동요령과 예시 관련 리소스 등에 대한 정보를 최대한 자세히 담는다.

'일러스트레이션 플레이북'을 만든다고 가정해 보면 들어가는 내용은 다음과 같다.

· 일러스트레이션 팀의 구성원 목록과 연락처.
· 일러스트레이션의 목적과 적용 범위.
· 일러스트레이션 스타일의 개괄적 설명과 예시.
· 새로운 일러스트레이션을 만들기 위한 디자인 프로세스 설명.
· 기존 일러스트레이션이 보관된 라이브러리와 구체적 적용 예시, 관련 리소스.
· 새로운 일러스트레이션이 필요한지 기존 일러스트레이션을 사용해야 하는지 결정하는 디시전 트리.
· 일러스트레이션을 새로 만들어야 할 때 필요한 요구 조건 및 제안서.

플레이북은 실제 디자인을 프린시플 기준에 맞춰 알맞게 구현할 최선의 방법을 찾게 도와주는 설명서다. 그러므로 이 플레이리스트 하나만 있으면, 내가 누구와 일해야 하고, 무엇이 필요하고, 어디서 그것을 구할 수 있는지 모두 알 수 있어야 한다. 여기에서 고민이 필요한 구체적 사안들, 특히 선택의 문제에 직면했을 때는 '디시전 트리'를 활용한다.

디시전 트리(Decision tree)는 '의사 결정 사다리'다

플레이북을 통해 개괄적인 프로세스와 필요한 리소스를 사용자에게 전달할 수 있지만, 구체적으로 들어가다 보면 여전히 선택의 기로에 놓일 때가 많다. 이런 문제는 비슷한 상황에서 반복적으로 발생하는 경우가 많은데, 이때 선택을 도울 수 있는 가이드를 마련해 놓는다면 일을 효율적으로 할 수 있다.

그렇다면 디시전 트리는 어떤 상황에서 만들어야 할까? 디시전 트리는 디자인 프로세스를 실행할 때, 협업을 할 때는 물론, 디자인 컴포넌트를 사용할 때에도 활용할 수 있는데 특히 구체적인 질문이 반복적으로 생기는 구간에서 유용하다.

예를 들어 '검색 플로우 디자인에서 결과에 CTA(Call To Action) 버튼이 필요한가?'와 같은 질문이 있다고 하자. 간단한 질문이지만 문맥에 따라 예/아니오를 결정하기 어려울 수 있다. 이럴 때 디시전 트리는 '예'를 택할 경우와 '아니오'를 택할 경우 각각의 결과를 보여주며 그것의 전제 조건을 함께 나열함으로써 반복되는 질문에 대한 답을 대신할 수 있다. 이 디시전 트리를 효과적으로 구축하기 위해선 다음과 같은 룰을 명심해야 한다.

· 솔루션까지 가는 단계가 멀지 않도록 해야 한다.
· 질문은 세 단계를 넘지 않도록 해야 한다.
· 예/아니오로 간결하게 결정이 나뉠수록 좋다.
· 추가 질문은 이전 질문보다 더 구체적이어야 한다.
· 솔루션과 함께 예시 디자인를 함께 수록해야 한다.
· 궁금증이 해결되지 않았을 때 어떤 액션을 취해야 하는지 명시해야 한다.
· 다양한 예시가 더 필요한 경우에는 디시전 트리보다 구체적 적용 예시(Dos&Don'ts)을 사용해야 한다.

구체적 적용 예시(Dos&Dont's)는 컬렉션 모음집이다

디자인 룰을 적용했을 때 결과가 원래 목적과 다르게 나오는 경우도 종종 있다. 그 이유는 제시된 가이드와 룰이 충분히 구체적이지 못했기 때문일 수도, 그것을 사용하는 디자이너의 해석 때문일 수도 있다. 이 차이를 해결하기 위한 가장 확실한 방법은 구체적인 예시를 보여주는 것이다.

Physical or motor disabilities
Designing for these users

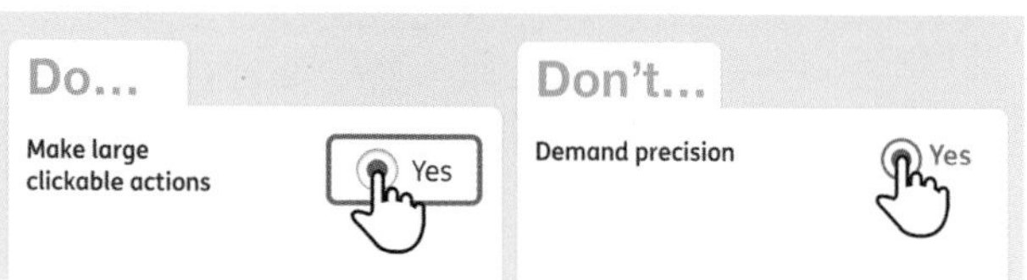

Do...
Make large
clickable actions
Yes
Don't...
Demand precision
Yes

'Do'와 'Don't' 예시 화면.
시행착오를 줄일 수 있는 가장 확실한 방법이다.

적용의 예시를 올바른 것, 잘못된 것으로 나눠 보여주면 시행착오를 줄일 수 있다. 그러나 디자인 컴포넌트와 패턴이 구체적인 경우에만 한정적으로 이용할 수 있다는 한계가 있다.

지금까지 알아본 다섯 가지 접근법을 통해 디자이너는 효과적이고 효율적으로 일할 수 있다. 체계적인 디자인 시스템 마련과 실행은 프로덕트와 조직이 어느 정도 규모를 갖춘 후에는 선택이 아닌 필수이다. 회사는 멈춰 있지 않고, 끊임없이 흐르고 변화하며, 직원도, 부서도, 서비스도 어느 하나 영원히 한 곳에 머물지 않기 때문이다. 이처럼 모든 것이 변화하는 시대에, 새로운 누군가가 조직에 합류하거나 비즈니스가 새로운 상황에 놓이더라도 일관성 있는 디자인 기조를 유지하기 위해서는 디자인 시스템 구축과 활용이 필수이다.

실리콘밸리 혁신 디자인의 비밀, 아토믹Atomic 디자인 시스템

학창 시절 화학 교육을 받은 사람들이라면 원자(Atom)와 분자(Molecule)에 대해 모두 들어봤을 것이다. 원자는 물질을 이루는 가장 작은 입자이고, 분자는 물질의 성질을 가지는 가장 작은 입자이다. 수소(H)와 산소(C)는 각각 다른 성질을 가진 원자이지만, 수소 2개와 산소 1개가 합쳐지면 물(H2O)이라는 새로운 분자(물질)가 만들어진다. 이렇게 원자는 어떻게 결합하느냐에 따라 새로운 모습으로 재탄생한다.

원자와 분자의 구성 방식에 착안한 디자인 접근법을 '아토믹 디자인 시스템(Atomic Design System)'이라 부른다. 마이크로소프트의 플루언트 디자인(Fluent Design), 구글의 머티리얼 디자인(Material Design)처럼 대표적인 IT기업들은 모두 아토믹 디자인을 활용해 디자인 시스템을 구축해 놓은 상태고, 전세계 다양한 기업과 디자이너가 아토믹 디자인 접근법을 적극 활용하고 있다. 아토믹 디자인 시스템이 업계의 큰 관심을 받고 있는 이유는 무엇일까?

아토믹 디자인이란?

아토믹 디자인 시스템은 미국의 그래픽 디자이너이자 엔지니어인 브래드 프로스트(Brad Frost)에 의해 정립되었다. 그는 아토믹 디자인의 기본 구성 요소를 'Atom(원자) : Molecule(분자) : Organism(유기체) : Template(템플릿) : Page(페이지)'로 정의했다.

단계별 구성 요소의 종류와 그것의 활용에 따라 명칭을 정했는데, '원자 : 분자 : 유기체' 단계는 화학 구조에서 착안한 명칭을 사용했지만, '템플릿 : 페이지' 단계는 실제 디자인 용어를 사용해 구분했다. 여기에서 '원자'는 서비스 디자인의 구성 요소 중 가장 작은 단위이다. 우리가 웹이나 앱을 사용하다 보면 쉽게 볼

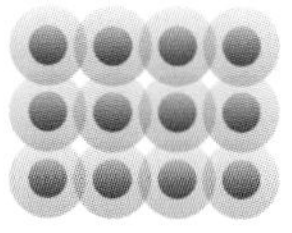

브래드 프로스트(Brad Frost)의 아토믹 디자인 설명

수 있는 '버튼'이나 '정보 입력 필드' 같은 것들이 여기에 속한다.

작은 원자들이 모여 하나의 분자 구조를 이루는데, 검색 입력 필드와 버튼이 하나로 모여서 구성된 '검색 창'이 그 예이다. 이런 분자들이 모여 홈페이지 상단에 놓인 '메인 메뉴'와 같은 구성이 된 상태를 우리는 '유기체'라 부른다. 여러 유기체가 모여 특정 시나리오의 틀을 잡아 줄 수 있는 기본 레이아웃을 '템플릿'이라 하고, 이 템플릿을 기반으로 콘텐츠와 이미지 등을 추가해 완성한 것을 '페이지'라 부른다.

사실 기본 구성 요소인 원자를 활용해 무언가를 만들고 또 발전시켜 나가는 콘셉트는 우리에게 낯설지 않다. 단순한 기본 형태로 이뤄진 블록을 이용해 자동차부터 건물까지 만들 수 있는 레고(Lego)의 메커니즘과 아토믹 디자인의 메커니즘은 동일하기 때문이다. 확장성이 중요한 서비스 디자인 분야에서 레고를 닮은 아토믹 디자인 접근법은 여러 이유로 업계의 표준으로 자리 잡고 있다.

마이크로소프트의 플루언트 디자인 시스템
(Fluent design system)

빠른 구축과 해체 가능

서비스 디자인과 하드웨어 디자인의 가장 큰 차이는 디자인의 발전 방식에 있다고도 볼 수 있다. 하드웨어 디자인의 경우 대량 생산을 위한 최종 몰딩과 생산 라인 구축이 끝나고 난 이후에 이를 바꾸는 일은 쉽지 않다. 그런 만큼 최종 디자인을 결정하기 전에 신중한 접근이 필요하다.

그러나 어떤 최신 기능을 시장에 빨리 내놓는지가 중요한 서비스 디자인의 경우 빠른 구축 후 사용자 테스팅을 거치며 단점을 보완하는 반복형 디자인 프로세스(Iterative Design Process)가 중요하다. 또 사용자 테스팅 결과 디자인 방향이 잘못 설정되었음을 알았을 때, 이 디자인을 빠르게 해체하고 변경할 수 있는 피봇팅(Pivoting)도 중요하다.

레고처럼 빠른 구축과 해체가 가능한 아토믹 디자인은 이에 최적화된 시스템이라 할 수 있다. 기획 단계부터 시장 출시까지 시간을 단축할 수 있을 뿐 아니라, 출시 후 디자인 변경 사항이 생겼을 때 유연하게 대처할 수 있기 때문이다.

일관성 있는 사용자 경험 추구

정해진 시스템을 디자인하지 않으면 수많은 기능과 사용자 케이스를 서비스에 반영하는 과정에서 디자인의 통일성이 훼손될 수 있다. 예를 들면, 같은 회사 서비스이지만 페이지에 따라 버튼 색상이 다르거나 입력 창 사이즈가 일관성 없게 바뀌는 식이다. 이러한 일관성 없는 사용자 경험이 반복되면 브랜드에 대한 신뢰도는 낮아지고, 결과적으로 사용자 이탈로 이어질 수 있기에 중대한 문제다.

일관성 있는 경험 디자인의 중요성을 인지한 여러 IT 기업들은 아토믹 디자인 시스템에 기초해 각자의 디자인 시스템을 구축하고 있다. 애플의 휴먼 인터페이스 가이드라인(Human Interface Guideline)과 구글의 머티리얼 디자인(Material Design)과 같은 디자인 시스템은 자사 프로덕트 운영체제(OS)의 중심축이다. 디자인 시스템의 모든 구성 요소(버튼 형태, 입력 창 모양, 인터렉션 등)를 일관되게 유지함으로써 자사 서비스의 맥락을 유지할 뿐 아니라 경쟁사 디자인과 차별화시킨다. 한 명의 사용자라도 더 본인들의 생태계에 포섭하는 것이 관건인 IT 회사들에게 디자인 시스템의 일관성은 경쟁력 그 자체라 해도 과언이 아니다.

클라우드 시대, 장벽 없는 사용자 경험의 중요성

클라우드 기술의 발전으로 우리가 사용하는 서비스는 더 이상 시간과 장소, 플랫폼 등의 구속을 받지 않는다. 사용자가 원하는 서비스와 기능을 언제, 어디서, 어떤 기기를 통해서도 사용할 수 있도록 해야 한다. 그래서 어떤 사용자 경험을 디자인할 때, 어느 한 기기만을 특정해 디자인해서는 안 된다. 버튼 하나를 디자인 할 때조차 웹브라우저, 테블릿 PC, 스마트폰에서 모두 사용할 수 있는 접근법이 필요하다.

아토믹 디자인 시스템을 활용하면 이를 더 빠르게 구축할 수 있다. 디자인 구축에 사용될 원자를 선택한 후 이 원자가 상황에 따라 어떤 다른 원자와 분자 구조로 결합할지 결정해 다중 플랫폼에 사용할 디자인 에셋을 만들 수 있기 때문이다. 여러 상황과 플랫폼에 대입하며 어떤 식으로 원자와 분자 단위의 에셋을 결합할 것인지에 대한 룰을 만들고 나면 더 많은 디자인 분자 조합과 유기체 구성도 가능하다. 서비스를 담는 플랫폼이 달라진다고 해서 모든 것을 처음부터 만들 필요도 없어지고, 전체 디자인의 구축 시간도 단축된다.

이렇게 현재 디지털 생태계를 잘 반영하고 있는 아토믹 디자인은 IT업계의 경쟁에서 큰 무기가 될 수 있다.

디자인을 즉흥적으로 떠오른 영감과 한시적 감정에 의지해 마음가는대로, 손 가는대로 구성하는 시대는 지났다. 디자인은 여전히 감정에 기반하고 있지만, 이성적으로 솔루션을 찾아나가는 프로세스이다. 그렇기 때문에 디자인을 구성하고 있는 요소를 과학적인 시각으로 바라보고 접근하는 아토믹 시스템이 서비스 디자인의 영역에서 진가를 인정받는 것은 당연한 일일지 모른다.

> "기술의 상품화가 진행될 정도로 기술이 성숙해지는 시점이 오면, 디자인이 가장 중요한 자리로 이동할 것이다."
>
> When a technology matures, design moves to the foreground because the underlying machinery has been commoditized. _존 마에다(John Maeda, 디자이너, 전 MIT 교수)

고객을 사로잡기 위해 반드시 필요한 것들

프로덕트나 서비스를 만들 때 고객에 대한 치열한 분석 없이 빠르게 만들어내는 것에 치중하다 보면 혼란을 가중시키는 역효과를 불러올 수 있다. 첫 단추를 제대로 꿰어야 옷을 잘 입을 수 있는 것처럼, 서비스나 프로덕트의 방향성과 디자인에 관한 고민은 브랜드 초창기부터 명확하게 이루어져야 한다.

디자인적으로 어떤 접근을 해야 하나? 로고를 만들어야 하나? 마케팅을 해야 하나? 우리는 누구를 위한 디자인을 하나? 여러 질문을 반복할수록 결국에는 개별 서비스나 프로덕트보다 최상위 개념인 '브랜드'로 질문이 향한다.

브랜드는 로고나 프로덕트나 서비스가 아니다. 이들은

브랜드가 지니거나 만들어낸 일종의 상징이다. 그런 만큼 브랜드와 이를 구축하는 행위인 브랜딩(Branding)의 속성에 관해 올바로 이해하지 못하면 제대로 디자인을 하기란 불가능에 가깝다.

> "고객이 제품, 서비스 혹은 회사에 느끼는 감정 그 자체가 브랜드다."
>
> Brand as a person's gut feeling about a product, service, or organization.
>
> _마티 누매이어(Marty Neumeier, 〈더 브랜드 갭(The Brand Gap)〉저자)

브랜딩 전문가 마티 누매이어의 말에 따르면 브랜드는 일종의 '평판'이다. 즉, 사람들의 좋은 평가를 받기 위해 노력하는 모든 과정과 행위가 브랜딩이라 할 수 있다. 로고를 만들고, 광고를 하고, 웹사이트를 구축하는 등의 모든 행위의 총합이 브랜드라는 결과물에 반영되는 것이다.

하지만 그러면 브랜딩에는 너무나 많은 행동 방식이 존재한다. 우리는 그중에서도 어떤 부분을 먼저 고민하고 실천해야 할까?

지피지기면 백전백승: 핵심 고객 아웃라인

'나를 알고 적을 알면 전투에서 승리할 수 있다'는 말은 브랜딩의 영역에서도 유효하다.

무언가를 디자인하거나 마케팅하기 전에 고객에 대해 확실히 이해하고 분석하는 것이 브랜딩의 시작이다. 브랜드와 고객이 어떤 관계인지에 따라 디자인의 진행 방향은 달라진다.

중심 타깃층의 중요성은 아무리 강조해도 지나치지 않다. 통계적으로 상위 10%의 중심 고객층이 회사 전체 매출의 50%를 담당한다고 밝혀져 있을 정도로 그들의 영향력은 엄청나다.

브랜드의 핵심 고객층을 정의내릴 수 있는 간단한 질문이 몇 가지 있다.

· 우리 브랜드의 고객은 누구인가?
· 우리 브랜드의 고객은 무엇을 원하는가?
· 우리 브랜드는 고객을 어떻게 유지할 것인가?

첫 번째 질문은 고객의 정체성과 관련이 있고, 두 번째 질문은, 고객의 목적, 목표와 관련 있다. 그리고 세 번째는 고객의 소속감과 연관이 깊다.

이 질문을 테슬라(Tesla)에 대입해 보자.

- 테슬라의 고객은 전기 자동차 구매가 가능한 트렌드 세터다.
- 테슬라의 고객이 원하는 것은 성능 좋고 탄소 배출이 덜한 스마트카다.
- 테슬라는 계속해서 멋지고 성능 좋은 스마트카를 만들고, 관련 산업 전체의 생태계(에코시스템, eco system)를 구축해 고객층을 유지한다.

브랜드 입장에서 첫 번째 질문을 통해 우리 브랜드가 존재하는 이유를 유추할 수 있고, 두 번째 질문을 통해서는 우리 브랜드만의 강점을, 세 번째 질문을 통해서는 우리 브랜드가 지닌 가치를 생각해낼 수 있다.

이러한 문답을 통해 우리 브랜드와 고객의 접점을 찾고, 이를 바탕으로 구체적인 스토리텔링을 모색할 수 있다.

브랜드와 고객 사이의 접점 만들기: 페르소나 정리

스토리텔링을 구축하기 위해서는 페르소나(가상의 인물 유형)의 구체화 작업이 필수다. 그 이유는 페르소나가 브랜드와 고객 사이의 관계를 담는 접점 역할을 할 수 있기 때문이다. 이 접점들이 많을수록 구체적이고 다양한 이야기를 브랜드에 담을 수 있다.

같은 제품(서비스)이라도 다양한 형태의 고객과 사용자가 존재한다. 대부분의 제품이나 서비스는 자유자재로 변형과 활용이 가능한 '전문가 사용자'와 약간의 변형을 줄 수 있는 '숙련된 일반 사용자', 그리고 그냥 기본적인 기능만 활용할줄 아는 '기본 사용자'로 고객을 구분한다. 그러나 각 사용자군 안에는 소속된 조직의 크기, 직급, 이루고자 하는 목적 등이 다른 여러 사람이 존재한다. 고객의 성격에 따라 브랜드가 전달하고 보완해야 하는 것들이 다른 만큼 디테일한 페르소나 구축은 반드시 필요하다.

앞서 언급한 테슬라의 고객을 다양한 유형의 페르소나로 구체화시켜보자.

· 테슬라를 이미 여러 대 보유한 열혈 소비자.

다양한 페르소나 유형

· 테슬라 구매 후 만족해 추가 모델을 구매하고자 하는 소비자.
· 테슬라 구매 후 만족했지만 다른 브랜드의 차로 바꾸고자 하는 소비자.
· 테슬라 차량 구매를 고려하는 소비자.
· 전기차에 대해 우호적인 소비자.
· 전기차에 관해 미심쩍어 하는 소비자.
· 전기차에 큰 관심은 없지만 지원금에 관심이 많은 소비자.
· 전기차를 활용하고자 하는 중소 규모 사업체.
· 전기차를 활용하고자 하는 대형 사업체.

어떤 유형의 페르소나가, 어떤 판단을 통해 구매에 이르는가를 찾는 것도 중요하다. 어떤 기능이 이들에게 가치를 부여해 핵심 고객군으로 끌어들이는지 판단하는 중요한 단서가 되기 때문이다.

브랜드 발전의 구심점: 스토리텔링 구축

스토리텔링은 페르소나를 만들어가며 추구한 디테일한 접근을 소비자 구매 패턴에 적용해, 고객 가치를 구체화하는 과정이다.

일반적으로 소비자가 상품을 구매하기까지는 인지(Awareness) → 관심(Interest) → 고려(Consideration) → 의향(Intent) → 평가(Evaluation) → 구매(Purchase)의 여섯 단계를 거친다.

페르소나의 유형에 따라 6단계에 해당하는 엔드 투 엔드(End to End) 스토리를 구축하다 보면, 각각의 단계에서 고객이 브랜드의 어떤 모습을 발견할 수 있는지, 혹은 브랜드가 고객에게 어떤 이야기를 전달하고 싶은지 탐구할 수 있다. 스토리텔링을 통해 우리 브랜드 혹은 제품의 어떤 모습을 고객에게 강조할지, 어느 부분에서 개선이 이루어져야 하는지 파악할 수 있으며, 제품 구매가 이루어진 후, 그것이 고객들의 실생활에 어떠한 의미를 갖는지 탐구하는 계기도 된다. 제품이 지닌 기능적 강점은 고객이 제품에 관한 좋은 경험을 축적할 수 있게 만들고, 이 축적된 경험을 통해 고객은 제품에 자신만의 의미를 부여한다.

앞서 기술한 다양한 테슬라의 페르소나 중 '이미 테슬

라 차량을 소유했지만 다른 모델로 바꾸고자 하는 소비자'를 가정해 스토리텔링을 작성해 보자.

· 인지: 페르소나 A는 테슬라 모델3를 2년간 소유 중이다.
· 관심: A는 아웃도어 액티비티를 사랑하는 IT업계 종사자다. A의 가족 구성원은 배우자와 아이를 포함해 3명이다.
· 고려: A는 아이가 자라거나 더 많은 아이가 생기면 현재의 차량 공간은 좁을 것이라 생각한다. 아웃도어 장비를 싣고 다니기에도 모델 3의 공간이 부족해, 앞으로 1년 안에 차량을 바꿀 생각이었다.
· 의향: 고민을 하던 중 코로나19 팬데믹 사태가 터졌다. 원래 A는 60% 통근, 25% 아웃도어 액티비티 그리고 15% 기타 일정에 차량을 사용했다. 하지만 팬데믹 이후 재택근무와 늘어난 아웃도어 액티비티로 인해 통근 10% 아웃도어 40%, 기타 50%로 용도가 변경되었다. A는 이에 맞는 차량을 찾고자 한다.
· 평가: 테슬라의 성능과 OS의 사용자 경험에 대단히 만족하고 있으며 탄소 배출을 줄이기 위해 내연기관 차량 선

택은 고려하지 않고 있다. A의 경제력 수준에서 모델 X는 비싼 편이고 모델 S는 비싸면서도 세단이라 라이프스타일에 맞지 않는다.

- 구매: A는 가까운 테슬라 매장을 찾아 모델 Y를 테스트 드라이브해 보았다. 모델 3와 퍼포먼스 그리고 조작 방식 등에서 차이가 없었으며, 차량의 사이즈가 20%가량 커 본인의 라이프스타일에도 어울린다고 판단하고 구매를 결정한다.
- 고객 만족: 만족도는 상당히 높은 편이며, 몇 년 후 차량을 바꿔야 하는 시점이 와도 테슬라 차량을 구매할 생각이다.

제품이나 서비스를 만들기에 앞서, 어떤 고객에게 어떤 가치를 전달할 것인가를 치열하게 고민해야 한다. 그러나 현실에서는 많은 브랜드들이 이러한 과정 없이, 빠르게 확장하는 데에 초점을 맞춰 사업 초창기에 이미 만들어 놓은 상품을 찍어내기만 하고 있다. 이런 경우 '원점으로 돌아가 다시 브랜딩을 시작해야 하는가?'와 같은 질문을 마주하게 된다.

브랜드는 건물을 짓는 것과 비슷하다. 큰 건물을 지으려면 기반 공사를 목적에 맞게 튼튼히 해야 한다. 대지에 임시로 세워놓은 가건물이 아까워서 마구잡이식 증축을 한다면, 그 건축물과 대지는 어떻게 될까? 브랜드를 제대로 구축하고자 한다면, 현재 진행된 부분을 브랜딩의 관점에서 되돌아보고 어떤 용도와 크기의 건축물을 올릴지 점검해 보는 용기가 필요하다.

디자인과 엔지니어, 프로젝트 매니저는 어떻게 협업해야 하나?

디자인의 사전적 정의는 이렇다.

> 디자인(design, 문화어: 데자인)은 동사와 명사로 함께 쓰인다. 명사로써의 디자인은 계획 혹은 제안의 형식(도안, 모델이나 다른 표현) 또는 물건을 만들어내기 위한 제안이나 계획을 실행에 옮긴 결과를 의미하고, 동사로써의 디자인은 이것들을 만드는 행위를 의미한다.

디자인은 하나로 정의하기 어려운 개념이지만 통상적으로 '어떠한 결과물 자체' 혹은 '결과물을 만드는 행위'로 여겨진다. 특히 온라인 기반 서비스나 프로덕트를 만들 때면 이 개념은 더욱 복잡해지는데, '엔지니어링'이 추가되기 때문이다.

디자인의 영역은 어디까지인가?

앱이나 웹사이트의 화면을 디자인할 때 디자이너들은 보통 어도비 엑스디(Adobe XD), 스케치(Sketch), 피그마(Figma) 같은 툴을 사용한다. 그런데 이 과정만 거친 프로덕트 디자인은 반쪽짜리다. 엔지니어링이 빠져서 실질적으로 사용할 수 없기 때문이다.

이때 '디자인의 경계를 어디에 둘 것인가?'라는 질문을 마주하게 되는데 사실 이 질문의 답은 간단하다. 시각적인 요소의 완성뿐 아니라 '실제로 구축되어 사용자가 사용할 수 있는 상태에 도달하는 것'까지를 디자인의 영역으로 봐야 한다. 디자인의 완성도를 판단하는 사람은 결국은 사용자다. 엔지니어링이 제대로 고려되지 않은 채 사용자가 마주하는 디자인은 미완성일 수밖에 없는 것이다.

물론 이 말이 디자이너가 코딩까지 마스터해야 한다는

말은 아니다. 코딩과 엔지니어링은 분명 다르다. 코딩은 엔지니어링을 위한 수단이지, 목적이 아니다. 그리고 기능이 구동되도록 하는 것은 엔지니어의 고유 영역이다.

경험 설계를 위해 필요한 기능을 실제로 구축하는 일은 디자이너와 엔지니어가 한 팀을 이뤄 해야 한다. 디자이너는 왜 이 기능과 경험이 필요한가에 대한 정당성을 찾아야 하고 엔지니어는 이를 실제 사용 가능한 상태로 만든다. 태극 문양이 음과 양의 조화를 통해 하나가 되듯 디자인도 디자이너와 엔지니어가 함께 만들어 가는 것이다. 디자인이 시각적으로 훌륭하게 완성되어도 엔지니어링의 협조 없이는 절대 그 가치가 온전하게 보전될 수 없다.

엔지니어와 디자인만 프로덕트 디자인 프로세스에 참여한다면 비즈니스적 측면과 타임 매니지먼트적 측면에서 문제가 발생할 확률이 크다. 이때 프로젝트 매니저의 역할은 절대적이다. 한마디로 프로젝트를 훌륭하게 마무리하기 위해선 디자인과 엔지니어링, 프로젝트 매니지먼트가 '삼위일체'로 움직여야 한다.

일반적으로 프로덕트를 디자인할 때 디자인 프로세스는 크게 다섯 단계를 거친다.

- 탐색(Explore)
- 규정(Define)
- 실행(Execution)
- 구현(Engineering)
- 공개(Release)

이 프로세스 안에서 디자이너와 엔지니어 그리고 프로젝트 매니저는 어떤 식으로 협업해야 할까? 또 각 포지션은 각 단계에서 얼마만큼의 업무 지분을 가질까?

1단계, 탐색(Explore)

이 단계에서는 '왜?' 라는 질문이 가장 중요하다. 사업 초기에 세우는 전략은 실제로는 진행을 시작하기 위한 첫 단추 정도의 역할로, 하얀 백지 위에 점들이 찍혀 있는 수준일 것이다. 그러므로 본격적인 프로젝트 시작 단계인 '탐색'에서 이 프로덕트와 기능이 왜 필요한가에 관해 많은 질문을 해야 한다. 무엇이 사용자들을 위한 가장 좋은 방향성인가를 판단하기 위해 치열하게 논쟁해야 한다. 탐색의 과정이 치열하면 치열할수록 다음 단계인 '규정' 단계에서 사용할 수 있는 자양분이 늘어난다.

이 과정에서는 디자이너와 엔지니어, 프로젝트 매니저 모두 동등한 지분(33%씩)으로 의견을 공유해야 한다.

2단계, 규정(Define)

'규정' 단계는 '왜?'라는 질문에서 파생된 많은 조각을 이리저리 맞춰가며 하나의 거시적 목표를 만드는 과정이다. 데생을 할 때 밑그림을 그리며 형태를 잡듯이 규정 단계를 통해 프로젝트의 밑그림이 완성된다. 탐색 단계가 '왜?'에 관한 것이었다면, '규정'은 '무엇'을 '어떻게'를 고민하는 단계다.

이 단계에서는 엔지니어링과 디자인 그리고 프로젝트 매니징의 지분이 달라진다. 방향성을 결정해 의견을 하나로 모으고 계획을 리드하는 프로젝트 매니저의 역할이 55%, 리서치와 분석으로 진행의 틀을 잡는 디자이너가 30%, 실질적인 구현 가능성을 판단하고 대안은 제시하는 엔지니어가 15%의 비율을 갖는 것이 일반적이다.

3단계, 실행(Execution)

이 단계를 통해 아이디어가 실체화된다. 밑그림을 완성한 후에 그 안을 채우듯 명암도 잡고 색상도 고르고, 하이라이트 부위에 힘도 좀 줘가면서 그림을 살리는 것이다. 이 단계에서 디자이너들은 규정한 실체 즉, 프로덕트나 기능을 디자인 툴을 활용해 구축하고 프로토타입을 만들어 유저 테스팅도 한다.

그런 만큼 디자이너의 역할이 70%, 이 프로젝트의 전반적인 흐름을 유지하는데 큰 역할을 하는 프로젝트 매니저가 20%, 기능의 구현 측면에서 컨설팅을 하는 엔지니어가 10%의 비율을 갖는다.

4단계, 구현(Engineering)

'화룡점정'이라는 사자성어처럼 눈동자를 그려 용을 하늘로 날려 보낼 차례다. 앞선 단계에서 치밀하게 기획하고 준비한 디자인을 실제로 엔지니어링 하는 단계가 '구현'이다.

이 과정은 엔지니어의 역할이 70%을 차지하고, 디자인이 엔지니어링에 잘 반영될 수 있도록 돕는 디자이너와 프로젝트 매니저의 역할이 동일하게 15%씩의 역할을 한다.

5단계, 공개(Release)

시장에 직접적으로 디자인을 선보이는 단계다. 앞선 과정을 거쳐 시장에 나갈 결과물을 만들었다면 이제 대중의 판단에 모든 것을 맡긴다. 이 단계에 도달하기까지 꾸준히 큰 역할을 도맡아 해온 프로젝트 매니저들은 어떻게 하면 시장에 새로운 제품이나 서비스 혹은 기능을 선보일 수 있을지 리더십과 비즈니스 파트너들과 함께 전략을 짜고 실천한다.

이 과정은 프로젝트 매니저의 역할이 70%, 마지막 단계에서 보완할 점들이 있을 때 힘을 보탤 엔지니어의 역할이 20%, 그리고 필요한 디자인 업데이트를 소화해 내는 디자이너 역할이 10% 정도라 할 수 있다.

히든 스테이지, 반복(Iteration)

어떠한 프로덕트 혹은 기능도 한 번에 완벽한 결과물을 낼 수는 없다. 최선의 선택이 모여 어떠한 단계에 도달하는 것일 뿐, 그것이 절대적인 완성을 뜻하지는 않는다.

소비자의 의견을 경청하고, 이를 반영해 개선해야 하기에 다섯 단계의 디자인 프로세스를 끊임없이 순환, 적용하는 것은 선택이 아니라 필수 사항이다. 이 단계는 디자인과 엔지니어, 프로젝트 매니저 모두 동등한 지분(33%씩)을 가지고 반복한다.

기술의 발전과 비즈니스의 다변화로 인해 사용자들의 기준은 나날이 높아지고 있다. 사람들은 유려한 디자인에 뛰어난

"잘 작동하지 않는 아름다운 제품은 추악하다."

A beautiful product that doesn't work very well is ugly.

_ 조나단 아이브(Jonathan Ive, 전 애플 총괄 디자이너)

기술력을 갖춘 상품과 서비스를 원한다. 실제 기능의 구현과 비즈니스 니즈를 고려하지 않은 채, 디자인의 영역을 미적인 부분에만 국한하면 시대착오적 접근이 될 수밖에 없고, 결국엔 아름다운 쓰레기를 만드는 결과로 이어질 수 있다.

디자인의 정의와 현장에서의 적용도 이런 추세에 맞춰 발전해야 한다. 이 과정에서 디자이너와 엔지니어 그리고 프로젝트 매니저의 협업은 성공적인 프로덕트를 완성하는 데 매우 중요한 요소다.

비즈니스의 진화 단계에 따른 디자인 시스템 팀 구축하기

비즈니스를 하는 과정에서 디자인 시스템을 일관성 있게 잘 구축하면 브랜드와 프로덕트를 체계적으로 구축할 수 있다. 사실 디자인 시스템이란 체계적으로 브랜드와 프로덕트 생태계를 구축하고자 하는 목적을 가진 비즈니스를 위한 방법론에 가깝다. 그런데 이 디자인 시스템을 필요로 하는 조직의 규모와 종류는 너무나 다양해서, 디자인 시스템을 어디부터 어디까지 적용할 것인지, 이를 위한 팀 구성은 어떻게 할 것인지 고민하게 된다.

작은 규모의 회사가 바로 거대 IT기업의 디자인 시스템을 도입해 사용할 수 없는 노릇이고, 거대 기업이 초기 스타트업처럼 일단 부딪쳐서 해결해 보자고 이야기할 수도 없다. 회사의 규모와 목적에 맞는 디자인 시스템에 대한 정의를 단계별로 정립해야 하며, 이에 걸맞는 팀 구성을 해야 한다.

비즈니스 성장 스케일 측면에서 디자이너가 필요한 조직을 크게 다섯 개 그룹으로 구분할 수 있는데, 각각의 단계에서 디자인 시스템 전문 팀을 구성하기 위해 어떠한 측면을 고려해야 하는지 알아보자.

그룹1. 초기 스타트업: 필요 팀원 수 0~1명

초기 스타트업은 회사의 종류에 따라 차이가 있겠지만, 대개 1~20명 규모이다. 번뜩이는 아이디어를 실천에 옮기는 것이 당면한 과제이다. 창업자 중 디자이너가 없을 경우 인하우스 디자이너가 없는 경우가 대부분이다. 창업자가 디자인과 브랜딩에 관한 이해도가 높지 않을 수 있다.

이 단계에서는 브랜드의 지향점을 빠르게 파악해, 어떤 가치를 고객에게 선사할 것인가 고찰해야 한다. 이 고찰을 통해 만들어진 회사의 미션 스테이트먼트를 바탕으로 로고 디자인 같은 기본적인 브랜딩 작업을 할 수 있다. 하지만, 온라인 서비스나 플랫폼을 만드는 회사라면 아주 기초적인 툴킷(활용 가능한 디자인 컴포넌트 모음집)과 스타일 가이드(색상과 폰트 같은 기본적인 디자인 요소의 사용법을 담은 문서)를 구축하는 것도 필요하다.

이를 위해 브랜딩과 UX/UI의 이해도가 있는 한 명의 디자이너가 파트타임 혹은 풀타임(빠른 성장을 예상한다면)으로 필요하다. 회사의 프로덕트가 아이디어 중심이나 일반 대중을 상대로 하는 것이 아닌 비즈니스의 경우라면, 굳이 인하우스 디자이너를 활용하기보다 믿을 만한 외주사를 찾아 작업하는 것도 좋은 방법이다.

그룹2. 스케일업 스타트업: 필요 팀원 수 1~3명

초기 스타트업을 지나 고객이 늘면서 회사 자체의 역량을 확장시켜야 하는 단계에 접어드는 것을 스케일업(Scale-up)이라 부른다. 스타트업이 스케일업을 하는 경우 대략 20명에서 100명 정도의 인원이 일한다. 빠르게 비즈니스의 보완할 점을 메워가며 사업 영역을 확장시키는 역동성 넘치는 단계다.

새로운 페이지나 기능이 계속 추가되는 만큼 디자이너가 꼭 필요하다. 바로 이 지점부터 디자인의 일관성을 유지해 줄 수 있는 시스템이 존재하지 않으면 디자인의 복잡성은 빠르게 증가한다. 이를 방지하기 위해 필요한 디자인 시스템의 영역은 브랜드 가이드, 디자인 툴킷, 디자인 가이드이다.

브랜드 가이드를 만들 때는 브랜드 디자인의 시각적 맥락을 전체적으로 잡아줄 로고와 색상, 서체 등을 선택하고 그에 대한 이유를 밝힌다. 또 브랜드 가이드 사용 방법과 예시도 마련한다. 브랜드 가이드에는 이 전 단계에서 구축하기 시작한 툴킷을 아토믹 디자인 시스템을 기준으로 크기와 구성 요소로 나누고, 각각의 컴포넌트가 지닌 베리언트(다양한 상태 옵션)도 담아내야 한다. 버튼을 하나 디자인한다 해도, 그 안에 존재할 기본 상태, 마우스 겹침 상태, 선택 상태, 체크된 상태, 불능 상태 등의 베리언트를 생각하고 디자인해야 하기 때문이다.

이들 옵션을 툴킷을 통해 효과적으로 담아낼 수 있어야 하며, 이들의 디테일한 사용 방법을 디자인 가이드에 상세하게 기술해야 한다. 예를 들어 사용자가 결제 버튼을 눌렀을 때 로딩

하는 몇 초간 어떤 모션이 일어나고, 사용자의 결제 행위가 안전하게 완료된 이후에는 버튼이 어떤 식으로 사라지며, 확인 메시지는 어디서 나오는지와 같은 디테일이 기술되어야 한다.

이와 같은 디자인의 문서화 작업이 진행되지 않은 채 새로운 사람들이 들어와 각기 다른 방식으로 디자인하기 시작하면, 나중에 이 디자인을 합치는 데 훨씬 더 많은 시간과 리소스를 사용해야 한다. 이와 같은 작업을 위해 규모에 따라 다를 수 있지만, 디자인 시스템 구축을 전담하는 풀타임 디자이너가 한두 명(UX/UI) 정도 있는 게 이상적이다. 만약 디자인 시스템 전담팀 구축이 어렵다면 사내 모든 디자이너들이 매주 2회 이상 만나 업데이트를 공유하고, 이를 하나로 묶는 공동의 작업 프로세스를 반드시 구축해야 한다.

그룹3. 완성형 스타트업: 필요 팀원 수 4~9명

완성형 스타트업은 스케일업 단계를 거쳐 이미 많은 사람들에게 규모와 인지도 면에서 큰 인상을 주고 있는 단계다. 대략 100명에서 250명 사이의 직원을 갖춘 규모의 비즈니스이다.

이 단계는 비즈니스의 프로덕트 자체가 궤도에 오른 단계일 가능성이 크며, 시장에서 여러 경쟁 업체와의 대결이 치열하게 전개될 수 있다. 그래서 고객 경험의 중요성이 더욱 강조되는데, 여기서 말하는 '고객 경험'이란 디자인적인 측면의 브랜딩, UX/UI뿐 아니라 기능을 구현하는 엔지니어링의 완결성을 모두 합친 말이다.

이를 체계적으로 관리하고 업데이트하기 위해 앞서 구축한 디자인 시스템의 활용이 더욱 강조되어야 할 뿐 아니라, 엔지니어링 측면에서의 일관성을 위해 코드 라이브러리(Code Library)도 함께 구축되어야 한다. 단순히 비주얼적인 측면의 디자인뿐만 아니라, 그것이 실제 구현되는 코드도 매번 새로 짜지 않고 중앙 라이브러리에서 필요할 때마다 가져다 쓸 수 있는 구조를 만들어야 한다. 그래야만 디자인과 엔지니어링 모두의 비용을 낮춰가며 효과적으로 프로덕트를 만들 수 있다.

이 단계에서는 기존의 브랜드 가이드, 디자인 툴킷, 디자인 가이드 모두 한 단계씩 업그레이드해야 하는데, 이를 위해 필요한 역량이 바로 '리서치'이다. 브랜드적 적용과 디자인 컴포넌트 혹은 패턴이 사용자에게 어떤 영향을 미치는지 데이터화해 객관적으로 판단할 수 있게 도와주는 데이터 중심 리서치의 역할은 디자인 팀이 어떤 방향으로 나아갈지 가늠할 수 있게 도와주는 셰르파 역할을 하게 될 것이다.

이 단계부터는 디자인 시스템 전담팀의 구축이 필수다. 필요한 최소 인원은 모든 과정을 아우를 수 있는 팀 리더 한 명, UX/UI 두세 명, 엔지니어 한 명 그리고 리서처 한두 명 이상 정도이다. 각각의 기능이나 세부 프로덕트가 이 팀을 구심점으로 전체적인 디자인을 함께 성장시켜 나가는 구조로 디자인 팀은 개편되어야 한다.

그룹4. 중견 기업: 필요 팀원 수 10명 이상

직원 수가 250~1,000명 정도 규모로, '스타트업'이라기보다는 '중견 기업'이라는 표현이 어울린다. 대중들의 곁에서 태어나 자랐고, 사람들에게 가치를 제공해 주는 브랜드로 성장한 상태이다. 이 단계에 이르면 성장과 확장에 분명한 이유가 있어야 하고, 이를 위해 전략적으로 움직여야 한다.

완성형 스타트업 단계에서 디자인 그룹 전체의 구조를 디자인 시스템 팀을 중심으로 성공적으로 개편한 회사라면, 이 단계부터는 디자인 시스템의 완성을 기하기 위해 필요한 부분을 신경써야 한다.

다양한 인종과 문화권까지 진출하려는 글로벌 비즈니스라면 반드시 고려해야 하는 점들이 있다. 바로 문화적 가치 기준의 반영과 접근성의 측면이다. 우선 문화적 가치 기준의 반영은 종종 프로덕트의 구조적인 면까지 영향을 끼칠 수 있는데, 단적인 예로 한국이나 미국의 문화권에서 텍스트는 왼쪽에서 시작하지만, 아랍권에서는 오른쪽에서 시작하기도 한다. 성적 가치관이나 인종적 구분에 민감하게 작용할 수 있는 일러스트레이션이나 아이콘 등도 합리적 기준을 통해 보완책을 마련해야 한다. 또, 몸이 불편한 사람을 배려하는 접근성 측면은 법적으로도 민감한 부분인 만큼, 반드시 신경 써야 한다.

이를 위해 중앙 디자인 시스템 관리 페이지를 만들고 여러 중요 사안을 잘 정리해 '가이드'와 '플레이북(행동 요령)' 등의 형태로 구축해야 한다. 이를 위해 필요한 디자인 시스템 전담

팀의 기본 구조는 팀 리더 2명 이상, 프로젝트 매니저 1명 이상, UX/UI 디자이너 4명 이상, 엔지니어 한두 명 이상, 리서처 2명 이상, 콘텐츠 디자이너 1명 이상, 일러스트·아이콘 디자이너 1명 이상 정도가 된다.

그룹5. 대기업: 필요 팀원 수 20명 이상

대기업은 말 그대로 비즈니스의 임팩트와 규모, 완성도 모두 최상위 단계로 접어든 상태다. 직원 규모로 따져도 수천 명에서 수만 명에 이르기까지 엄청난 조직이 되었을 것이다.

비즈니스의 프로덕트는 제품이 속한 시장을 주름잡는 메이저 플레이어 중 하나일 것이고, 완벽에 가까운 고객 경험을 최우선 과제로 둔다. 고객 입장에서도 '나에게 좋은 가치를 주는 브랜드'를 넘어 내가 속한 팀이자 친구 혹은 가족과 같은 소속감을 주는 브랜드로 여길 수 있다.

이 단계에서 디자인 시스템은, 앞선 단계에서 중요하게 언급된 모든 부분이 지속적으로 고려되어야 할 뿐 아니라, 이 시스템을 활용하는 수많은 외부 디자이너와 개발자까지 고려해야 한다. 그런 만큼 더 많은 의견을 들어야 하고 이를 반영할 수 있는 프로세스와 협업 툴을 제공해야 한다. 마이크로소프트의 플루언트 디자인(Fluent Design)이나, 구글의 머티리얼 디자인(Material Design), 세일즈포스의 라이트닝 디자인(Lightning Design) 시스템처럼 이들이 만들고 활용하는 디자인 시스템 툴킷과 코드가 더 이상 내부 문서가 아닌, 업계 공공재가 될 확률이 있는 것이다.

이를 위한 디자인 시스템 전담 팀의 최소 구성 인원은, 팀 리더 3명 이상, 프로젝트 매니저 2명 이상, 브랜딩 디자이너 1명 이상, UX/UI 디자이너 6명 이상, 엔지니어 3명 이상, 리서처 3명 이상, 콘텐츠 디자이너 2명 이상, 일러스트레이터·아이콘 디자이너 2명 이상이다.

여러 종류의 비즈니스와 다양한 규모의 프로젝트를 직접 해본 경험을 통해 구축한, 선험적 데이터와 제안이기에 지금까지 이야기한 것들이 불변의 진리는 아니다. 여전히 많은 회사들이 내부 디자인 팀을 두지 않기도 하고, 지금까지 없었던 전혀 새로운 구조를 취하기도 한다.

다만, 디지털을 기반으로 글로벌 비즈니스로 성장하겠다는 목표를 가진 회사라면 여기서 제시하는 단계별 디자인 시스템 구축안과 팀 구성안이 시간과 비용을 절약하는 방법이 될 수도 있다. 성장 단계별로 필요한 디자인 요소들을 인지하지 못한 채 프로덕트를 확장하는 데만 급급하다 보면, 언젠가 이전의 디자인을 모두 폐기해야 하는 상황이 닥치거나 전면 수정하기 위해 먼 길을 돌아가야 할 확률이 높기 때문이다.

경험의 통합을 위한 테크놀로지 스택과 디자인토큰 시스템

온라인 서비스나 플랫폼 비즈니스를 하는 기업은 브랜드 안에 많은 서브 브랜드와 프로덕트를 가진 경우가 일반적이다. 흔히 이러한 서브 프로덕트를 묶는 그룹을 스위트(Suite)라고 부른다. 예를 들면, 마이크로소프트의 파워 포인트, 엑셀, 워드 등을 합친 스위트가 '오피스 365'이며, 구글의 경우 지메일, 캘린더, 구글 드라이브, 행아웃 등의 프로덕트가 합쳐진 스위트가 워크플레이스(업무용 프로덕트 서비스 그룹)이다.

이와 같이 독립 프로덕트와 그 프로덕트 그룹이 하나의 브랜드 안에서 스위트로 만들어져 있는 경우, 우리는 그 회사의 기본적인 디자인과 엔지니어링 시스템이 잘 정돈되어 있을 것이라 추측한다. 그러나 현실적으로는 그렇지 않은 경우도 많다. 처음부터 프로젝트 파생까지 계획하기보다 사용자들의 반응에 따라 일단 필요한 부분을 추가 구축한 후 반대로 보완할 점을 되짚어 나가거나, 기업 인수 합병을 통해 새로운 프로덕트를 포함시키는 일이 흔하기 때문이다.

프로덕트를 엔지니어링할 때 기본적으로 그 근간이 되는 테크놀로지 인프라스트럭처를 선택하는 것은 아주 중요하다. 어떤 클라우드 베이스를 사용할 것인지, 어떤 코드 랭귀지를 사용할 것인지 등을 잘 선택해야 한다. 이 과정에서 엔지니어링 팀은 주요 기능의 퍼포먼스를 최대한 끌어올릴 수 있는 테크놀로지 스택(Technology Stack)을 잘 선택해야 한다. 프로덕트들이 상호 협의 없이 각자 마음에 드는 테크놀로지 스택을 선택하고 발전시켜 나가다보면, 나중에 기능과 프로덕트의 연계가 시작되었을 때 통일된 경험 디자인을 구축하는 것이 어려울 수밖에 없다.

시스템 디자인 측면에서 이 문제를 어떻게 해결할 수 있을까?

'디자인토큰(Design Token)'이란

프로덕트가 구현되는 플랫폼이 웹, 네이티브 앱, 증강현실 등으로 서로 다를 경우, 하나의 테크놀로지 스택이 모든 엔지니어링을 소화하지 못한다. 또 프로덕트마다 구현해야 하는 기능과 목적이 다르기에 백 엔드 엔지니어링을 모두 일치시키는 것은 불가능한 일이다. 그런 만큼 디자인 시스템 측면에서 사용자 경험의 일관성은 백 엔드보다는 프론트 엔드 통일로 추구하는 것이 현실적이다. 화면을 구성하는 시각 디자인 요소를 디자인 파일뿐 아니라, 여러 프로덕트에서 사용 가능한 범용 프론트 엔드 코드 라이브러리 형태로 구축해 함께 관리하는 것이다. 이를 효과적으로 도와주는 것이 바로 토큰(Token)이다.

디자인토큰(Design Token)은 디자이너와 엔지니어가 더 쉽게 소통할 수 있게 도와주는 일종의 '소통 창구'다. 예를 들어 웹사이트에 회사의 로고를 넣을 때 이 로고 안에는 다양한 Value(수치 혹은 값)가 존재한다. 로고의 색상을 나타내는 Hex값, 로고의 사이즈를 나타내는 사이즈 값처럼 말이다.

디자이너가 로고 색상을 파란색에서 초록색으로 바꿔

디자인토큰은 효율적인 디자인 업무를 위해 반드시 필요하다.

야 한다고 엔지니어에게 이야기하면 엔지니어는 색상의 Hex값을 물어볼 것이다. 그런데 만약에 이 색상이 로고 한 곳이 아니라 프로덕트 곳곳에 쓰여서 모두 바꿔야 한다면? 수작업으로 모두 업데이트해야 할 것이다.

이런 문제를 해결하기 위해 이 색상 값을 지닌 토큰을 만들고, 여기에 '브랜드 메인 컬러' 같은 호칭을 붙여 처음 컴포넌트를 만들 때 이 토큰을 수치 대신 입력하는 것이다. 그리고 업데이트가 필요할 때 이 기본 토큰 하나만 바꿔주면 토큰이 적용된 모든 곳이 플랫폼에 상관 없이 자동으로 업데이트된다.

기본 토큰과 함께 엘리아스(Alias)토큰도 만들 수 있다. 기본 토큰이 단품 메뉴라면 엘리아스토큰은 세트 메뉴라고 보면 된다. 버튼을 만들 때 색상, 서체, 아이콘 등의 토큰을 하나로 모아 버튼 토큰을 생성할 수 있고, 로고의 색상이 상황이나 상태에 따라 바뀌어야 하는 패턴이 있다면, 그 조건을 충족시키는 여러 토큰을 하나로 합쳐 적용할 수 있다.

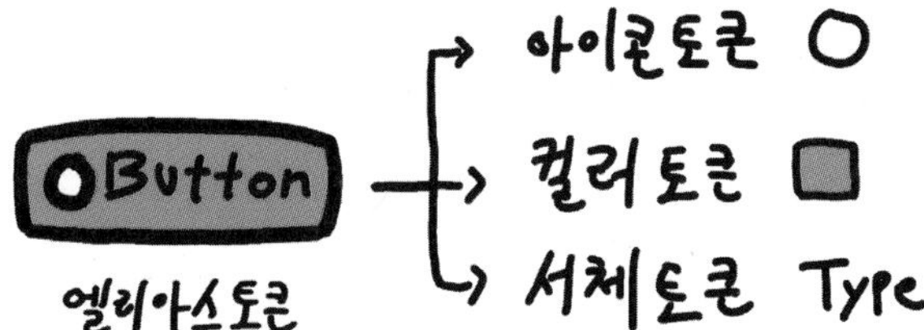

디자인토큰을 발전시켜 엘리아스토큰까지 마련해 놓으면,
디자인의 통일성은 물론 업무 효율도 놀랍게 높일 수 있다.

디자인토큰은 유용하지만 한계도 있다

프로덕트 그룹 안에서 프론트 엔드 테크놀로지를 최대한 통일시키고 토큰을 사용해 디자인 시스템을 구축한다고 디자인의 일관성 문제가 모두 해결되지는 않는다. 프로덕트마다 사용하는 특수한 패턴이나 컴포넌트가 있고, 이들처럼 유니크한 디자인 요소는 중앙 디자인 시스템에 포함되기 어렵다. 또한, 디자인 팀에서 디자인 요소를 일관성 있게 사용하길 원해도 실제 구축과 관리가 용이하지 않다면 엔지니링 팀에서 이를 거부하고 재활용이 불가능한 코드로 프로덕트를 구축하는 경우도 있다.

하지만 대부분의 상황에서, 중복 사용되는 디자인 요소들은 디자인토큰을 통해 더 빠르고 효과적으로 디자인할 수 있다. 상황에 맞는 토큰을 디자인 시스템 안에 넣으면 디자인과 엔지니어링 사이의 거리를 좁힐 수도 있다. 피그마(Figma) 같은 디자인 툴에서 디자인토큰을 업데이트했을 때 프론트 엔드 코드까지 자동 업데이트되도록 할 수 있기 때문이다.

컴포넌트들을 토큰 형식으로 다시 구축하는 데 시간과

돈이 들겠지만, 한번 해 놓으면 디자인과 엔지니어링의 수고를 크게 덜 수 있다. 재활용 가능한 토큰 기반의 디자인 라이브러리가 있다면 재사용 불가능한 컴포넌트로 인해 빈번하게 발생하던 디자이너와 엔지니어의 의견 충돌도 줄어들 것이다. 그렇기 때문에 디자인 시스템 구축을 엔지니어링 측면까지 본격적으로 하는 단계에 이르렀다면, 디자인토큰 사용을 고려해야 한다.

디자인 시스템 구축을 위한 스프린트Sprint의 이해와 적용

프로젝트는 종류와 상황에 따라 다양하게 나뉜다. 어떤 프로젝트는 소수의 인원이 몇 주 만에 처리하기도 하고 어떤 프로젝트는 수십, 수백 명의 인원이 몇 달 혹은 몇 년에 걸쳐 진행하기도 한다. 타임라인에 맞는 목표 설정 및 작업 그리고 진행 상황의 올바른 점검이 체계적으로 이루어지지 않으면 프로젝트는 중구난방이 될 확률이 크다.

그래서 지금까지 일정 규모 이상의 조직은 주간, 월간, 분기, 반기, 연간 계획을 공유하며 일했다. 하지만 반드시 프로젝트 플래닝을 분기나 반기에 맞춰 해야 하는 것은 아니다. 오히려 프로젝트와 비즈니스의 속성에 따라 유동적으로 적용하는 것이 더 효과적일 수 있다. 이를 위해 사용되는 개념이 '스프린트(Sprint)'다.

스프린트란?

스프린트(Sprint)는 '단거리 질주'를 의미하기도 하지만, 스타트업이 일하는 방식에서는 '프로젝트를 진행할 때 단기간에 도달하고자 하는 목표를 정하고 빠르게 일을 진행시키는 것'을 의미한다. 프로젝트는 경우에 따라 마라톤일 수 있고, 장거리, 중거리, 단거리 경기일 수 있다. 마치 장거리 경기에서 워밍업 단계와 페이스를 올리고 유지하는 단계와 스퍼트 하는 단계가 나뉘어 있듯이 프로젝트도 여러 구간으로 나뉘어 있다.

스프린트는 프로젝트 안의 일정한 '구간'이다. 프로젝트의 스케일에 따라 여러 스프린트가 모여 한 세메스터(Semester)를 이루고, 여러 세메스터가 모여 하나의 프로젝트를 만들기도 한다. 그러므로 처음 프로젝트를 기획할 때부터 각각의 스프린트마다 무엇을 할지 결정하고 프로젝트의 전체적인 방향과 타임라인을 결정하기보다는 프로젝트의 전체적인 목적과 타임라인에 맞춰 몇 번의 세메스터와 스프린트가 필요할지 그려보고 각각의 체크 포인트마다 어떤 미션을 수행할지 결정하는 것이 좋다.

스프린트 프로세스를 디자인 시스템에 적용해 보자

다양한 프로덕트와 여러 팀이 조직 내에 동시에 존재하다 보면, 서로 맞춰야 할 것이 한 둘이 아니다. 디자인의 일관성을 위해 어떤 영역과 컴포넌트를 함께 작업할지 정할 때는 '티셔츠 사이징'과 '프라블럼 맵핑'이 필수다.

티셔츠 사이징과 프라블럼 매핑 작업을 통해 구체화된 아이템 중 가장 중요도가 높은 아이템에 스프린트 프로세스를 적용한다 가정해 보자. 이를 위해 우선적으로 해야 할 작업은 이 프로젝트에 참여할 팀 멤버의 선발이다. 팀원이 정해지면 프로젝트의 리드를 정해야 한다. 구심점이 없으면 일은 흐지부지될 확률이 높으므로 선택된 아이템의 이해도나 활용도가 제일 높은 사람을 리더로 삼는 것이 가장 합리적이다.

프로젝트의 구성원과 리더가 정해졌다면, 본격적으로

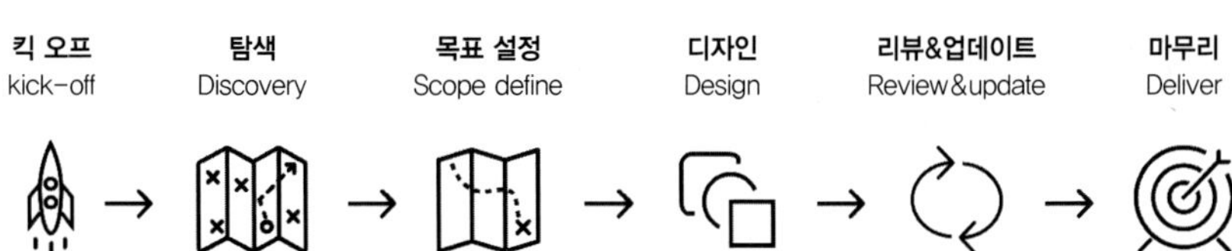

대규모 프로젝트도 스프린트 단위로 작게 나눠
빠르고 집중력 있게 실행하는 것이 효율적이다.

스프린트의 여섯 단계를 거친다.

1단계, 킥오프(Kick-off) 스프린트

킥오프 스프린트 기간은 1주에서 2주 정도로 잡는다.(스프린트마다 기간은 유동적으로 늘이거나 줄일 수 있다.) 이 단계는 프로젝트를 진행할 구성원이 정해지면 처음으로 함께 모여 프로젝트의 진행에 필요한 전반적인 사항에 대해 이야기 나누며 기본적인 부분을 셋업하는 기간이다. 프로젝트의 방향과 목적 등에 대해 브리핑하고, 정해진 프로젝트 리더가 없다면 리더를 정하고, 팀원의 역할 등을 대략적으로 분배하고, 중간 점검 시정 및 리뷰 세션 등을 준비한다.

2단계, 탐색(Discovery) 스프린트

탐색 스프린트 기간은 2주에서 3주 정도를 잡는다. 프로젝트의 거시적인 목적을 달성하기 위해 구체적인 계획을 세우며 몸을

푸는 단계다. 2단계에서는 프로젝트의 목표를 설정하고 결과물(deliverable)을 확정 짓기 위해 시간, 비용, 지원 등을 파악하는 티셔츠 사이징(T-shirt sizing)과 프라블럼 맵핑(Problem Mapping) 세션이 진행되어야 한다. 이를 통해 프로젝트 진행 시 디자인할 항목들의 우선순위를 정할 수 있다.

그리고 기존에 관련 작업들이나 참고할 디자인들이 있다면 그것을 한곳에 모으는 오딧(Audit: 검열)을 진행하고, 직접적인 연관이 없더라도 영감을 줄 수 있는 레퍼런스를 찾고 이를 바탕으로 다양한 디자인을 실험한다.

'탐색' 단계는 스프린트의 성패를 가르는 중요한 시기다. 그래서 이 단계에 대해서는 다음 꼭지에서 좀 더 자세히 다루겠다.

3단계, 목표 설정(Scope define) 스프린트

목표 설정 스프린트 기간은 1주 정도로 잡는다. 티셔츠 사이징(T-shirt sizing)과 프라블럼 맵핑(Problem Mapping)을 통해 어떤 아이템을 어떤 순위로 진행할지 결정한다. 프로젝트 리더와 팀원들 그리고 엔지니어와 PM이 모여 이 프로젝트가 마무리되는 시점에서 어떤 결과물이 어느 정도 선에서 완성될지 확실하게 기록하는 시간이다.

4단계, 디자인(Design) 스프린트

이 단계의 전체 기간은 프로젝트의 결과물(Deliverable)의 종류와 양에 따라 결정된다. 스케일에 따라 짧게는 2주에서(1번의 스프린트) 길게는 10주 정도(2주씩 총 5번의 스프린트), 혹은 그 이상의 여러 스프린트가 모여 한 분기 수준의 세메스터가 되기도 한다. 한 세메스터가 넘어가는 수준의 프로젝트라면, 한 번에 모두 해결하려 하지 말고 프로젝트를 몇 개의 세메스터 단위로 쪼개 진행하는 것이 좋다.

참여자 수도 정해져 있지 않다. 한 팀이 몇 달씩 나눠서 오랜 기간 진행할 수도 있고, 여러 팀이 디자인이나 기능 별로 나눠 한꺼번에 진행할 수도 있다.

5단계, 리뷰&업데이트(Review&update) 스프린트

일반적으로 리뷰와 업데이트 기간은 2주 정도로 잡는다. 마무리 단계로 들어가기 전에 기능적인 부분이나 컴포넌트의 완성도가 갖춰졌는지, 디자인이나 엔지니어링 측면에서 보완할 것은 없는지 리뷰하는 단계다. 리뷰하는 중간에 보완해야 하는 점이 발견된다면 업데이트한다.

6단계, 마무리(Deliver) 스프린트

마무리 스프린트는 2주 정도로 기간을 잡는다. 리뷰와 업데이트를 거쳤음에도 마무리 단계를 포함시키는 이유는 디자인 최종 단계에서, 혹은 결과물을 실제로 적용했을 때 미처 생각하지 못했던 보완점들이 나오기 때문이다. 보완점을 기록해두지 않으면 나중에 결과물을 활용해야 하는 순간이 오거나 차후 비슷한 프로젝트를 진행할 때 같은 오류를 반복할 수 있으므로, 디자인 파일을 다음 사용자가 쓰기 좋게 정리하고, 이를 활용할 수 있게 돕는 가이던스 파일을 만든다.

6단계 스프린트 모델은 대부분의 디자인 시스템 관련 프로젝트에 적용할 수 있다. 주제와 상황에 맞게 현실적으로 각각의 스프린트를 조정해 사용한다면, 체계적인 디자인 시스템 수립과 기록, 활용을 도모할 수 있다.

스프린트 프로세스는 상대적으로 업무의 집중도가 높으면서도 유연하게 피보팅(Pivoting)이 가능한 장점이 있다. 그래서 많은 실리콘밸리의 기업들이 시장의 변화와 기술의 발전에 민감하게 반응하는 요즘 프로덕트 디자인에 알맞은 프로젝트 진행 프로세스로 스프린트를 택하고 있다.

티셔츠 사이징과 프라블럼 맵핑을 통한 우선순위 정하기

여럿이 프로젝트를 진행하다 보면 의견이 충돌할 때가 있다. 특히 일의 우선순위를 결정할 때 구성원 각자가 처한 상황, 일의 진행 상황에 따라 중요도와 우선순위를 각각 다르게 생각하고 있는 경우가 많다. 그래서 가치 기준을 공유하는 과정이 필요하다.

가치 기준을 마련하기 위해서는 먼저 '우리가 해결할 문제가 무엇인지' 인식해야 한다. 두 번째 스프린트인 '탐색' 과정에서 이루어지는 '프라블럼 맵핑' 즉 '문제 인식' 과정을 통해 이것을 진행한다. 프로젝트에 참여하는 구성원들이 각자 생각하는 문제점을 꺼내놓은 다음, 중요도를 따져 기준을 설정한 뒤 프로젝트의 우선순위를 정하는 것이다. 이 단계를 잘 수행해야 스프린트

3단계에서 명료한 목표를 설정할 수 있다.

일반적으로 프라블럼 맵핑은 다음과 같은 다섯 단계를 거친다.

1단계, 문제점 모으기(Gathering)

어떤 아이템에 관해 프로젝트를 진행하기로 결정되고 나면, 정말 다양한 문제점이 발견된다.

프로젝트를 제대로 진행하기 위해서는 관련된 모든 문제점과 잠재적 이슈를 투명하게 수집해야 한다. 가령 서비스의 메인 내비게이션을 디자인한다고 했을 때 내비게이션의 위치와 폭, 높이, 자간, 아이콘 사용 유무 등과 관련해서 다양한 문제점을 지적할 수 있다. 한 회사의 구성원이지만 속한 팀에 따라 내비게이션이 너무 심플해서 문제라고 할 수도 있고, 혹은 너무 복잡해서 문제라고 할 수도 있다. 이러한 모든 문제점을 다양한 관점에서 수합하는 '오딧(Audit: 검열)'을 진행한다.

2단계, 티셔츠 사이징하기(T-shirt sizing)

나에게 맞는 티셔츠를 사기 위해 내 사이즈를 먼저 체크하듯이, 문제점들이 오딧을 통해 한곳에 모이고 난 후에는 각각의 문제점이 어느 정도 사이즈인지 기록하는 작업이 필요하다. 어떤 문제들은 몇몇 팀원들의 구두 합의만으로도 해결할 수 있지만, 어떤 문제들은 장기간 디자인 작업과 리서치 등을 반복해가며 데이터에 기반한 합의를 도출해야 한다.

그래서 이 단계에서는 어느 정도의 노력으로 문제가 해결될 수 있는지 대략적인 추산을 해볼 필요가 있다. 사이즈는 일반적으로 스몰, 미디엄, 라지, 엑스라지로 나누고, 해당 아이템의 규모가 애매한 경우는 N/A(Not applicable: 알 수 없음)를 붙인 뒤 설명을 쓴다.

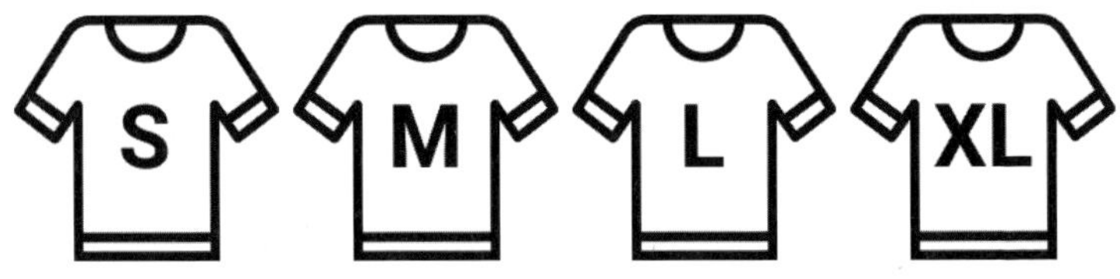

'티셔츠 사이징'은 문제의 크기를 가늠해보는 작업이다.

3단계, 기준 정하기(Defining)

맵핑을 위해 일반적으로 사분면 그래프를 사용하는데, X축과 Y축에 어떤 기준을 넣을지 정해야 한다.

각각의 축에 들어갈 기준은 상황과 목적에 따라 다를 수 있다. 예를 들어 어떤 프로젝트에서는 X축에 엔지니어링 비용, Y축에 마감 시한이 들어갈 수 있고, 어떤 프로젝트에서는 X축에 현재 상황의 낙후성, Y축은 상황의 개선 여지가 들어갈 수도 있다. 어떤 가치 기준이 조직에서 현재 가장 필요로 하는 것인지를 잘 합의해 적용하는 것이 중요하다.

4단계, 맵핑하기(Mapping)

프라블럼 맵핑에 활용할 기준과 사분면이 준비되었다면, 참여하는 모든 인원에게 포스트잇 노트를 나눠준다. 이 포스트잇에 각자가 생각한 문제점과 그것의 사이즈를 적은 후 사분면에 제시된 기준에 따라 이를 부착한다.

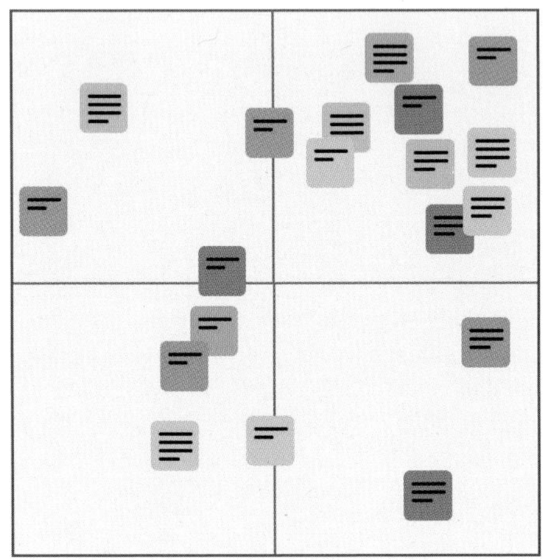

매핑 후 멤버들이 모여 합의를 이루는 것이 중요하다.

맵핑이 마무리된 후, 모두 모여 어떤 이슈가 어디에 붙어 있는지 리뷰하며 각각의 의견들이 합리적인가 함께 판단하고 수정한다. 내 문제가 언제나 다른 사람의 문제보다 크게 느껴지기 때문에 그룹의 합리적 평가가 필요하다. 그렇지 않으면 편향된 좌표를 만드는 오류를 범할 수 있다.

5단계, 우선순위 정하기(Triaging)

맵핑을 통해 문제의 구조적 접근이 이루어졌다면, 이제 현실적으로 얼마나 해결이 가능한지 결정해야 한다. 티셔츠 사이징과 맵핑을 통해 정한 대략적인 작업량과 우선순위에 기초해, 주어진 시간 동안 해결하고 싶은 아이템을 선택한다.

선택된 이 아이템들 중 어느 것을 우선 해결할지 그룹이 함께 선택하고 이를 스프린트 스케줄에 적용하는 것으로 마무리한다.

프로젝트를 진행할 때 주어진 시간에 구성원이 원하

는 바를 모두 해결할 수 있다면 가장 좋을 것이다. 하지만 프로젝트의 종류와 단위에 따라 불가능한 경우도 많고, 연속성을 가지고 장기적으로 풀어나가야 하는 일도 많기 때문에, 정해진 스프린트 안에서 모든 것을 해결하기는 어려울 때가 있다. 그래서 프라블럼 맵핑을 통해 문제점을 구조적으로 파악한 후, 구성원 모두 동의할 수 있는 현실적인 목표를 민주적으로 수립하는 과정이 매우 중요하다.

맺음말.

세 번째 책을 마치며

2019년 '디자이너의 생각법; 시프트'라는 책을 출간했다. 첫 책을 출간하는 모든 사람이 그렇듯 많이 어설펐고 고생도 많았다. 한 편의 글을 쓰는 것부터 난관이었는데, 책의 초고를 완성하고 들여다본 전체적인 글의 수준은 지금 생각해도 얼굴이 화끈거린다. 그래서 재고에 삼고까지 하여 완성도를 기했고, 책의 표지와 책 안에 들어가는 일러스트도 공들여 열심히 작업했다.

2020년 '디지털 트랜스포메이션; 뉴 호라이즌'을 출간했다. 디자이너의 생각법과는 다르게 이 책은 디자이너의 관점보다 테크놀로지 업계 종사자의 관점에서 근미래를 분석하고 예측한 내용이 주를 이루었다. 전에 비해 더 전문적인 내용으로 채워

졌지만, 내가 담을 수 있는 디자이너로서의 시각이 약간 부족해 아쉬웠던 기억이 난다.

그리고 2021년 겨울 세 번째 책인 '디자이너의 접근법; 새로고침'을 출간한다. 사실 앞선 두 권의 책을 출간할 때 많이 고생을 했었기에 세 번째 책은 2022년 하반기 혹은 2023년쯤 출간을 예상했었다. 하지만 마이크로소프트에서 일하며 디자인 시스템과 관련해 매일같이 고민하면서 적어둔 노트들과 포브스와 더밀크의 정기 기고 칼럼들이 모여 생각보다 더 빨리 책으로 엮을 수 있었다. 특히 이번 책을 준비하면서 제목을 어떻게 하면 좋을지 많이 고민했다.

아직도 디자이너에 관한 선입견을 마주할 때가 종종 있다. 디자이너를 창의력과 예술적 감각에만 의존하는 사람으로 묘사하는데, 틀린 말은 아니지만 한쪽으로 과도하게 치우친 느낌을 지울 수 없다. 이러한 사람들의 고정관념에 따라 자신의 능력을 미리 구속하는 디자이너도 존재한다.

개인적으로 디자이너는 좌뇌와 우뇌 모두를 사용하는 사람이어야 한다고 생각한다. 논리적 사고와 감각적 접근을 모두

할 수 있어야 좋은 디자인을 만들 수 있기 때문이다.

세상은 정말 빠르게 변하고 있다. 그리고 앞으로 더 빠르게 변화할 것이다. 디자이너의 의무는 변화하는 세상과 사람을 연결시키는 것이다. 디자이너가 연결의 의무를 소홀히 하면 대중들은 발전하는 기술과 플랫폼으로부터 뒤처지게 될 수도, 사람들 사이의 틈이 더 벌어질 수도 있다.

시스템적으로 사람들과 함께 발전할 수 있는 프로세스를 만드는 인본주의적 디자인 접근이 필요한 시점이다. 과거 쓸데없이 화려하고 기름졌던 프랑스 요리를 체계화, 단순화, 형식화함으로써 전 세계 최고의 요리 반열에 올린 오귀스트 에스코피에처럼 새로운 시대에 맞는 디자인 접근법을 책에 담고 싶었다. 그래서 이번 책의 키워드를 새로 고침으로 잡았다.

이번 책이 나오기까지 도움을 주신 정말 감사한 분들이 계시다. 무려 세 권의 책을 함께한 최고의 파트너 박혜연 에디터님, 마이크로소프트에서 수년간 나를 믿고 함께 전장을 누빈 우리 OST 팀원들, 부족한 글이지만 항상 아껴주시는 포브스의 권오현 편집장님과 장진원 부편집장님, 이제 한 식구처럼 맞아 주시는 더밀크의 손재권 대표님과 김홍석 부대표님, 지금의 글 쓰는 디자이너 이상인의 시작을 만들어 주신 월간 디자인의 전은경 디렉터님과 최명환 편집장님, 매주 함께 만나 여러 주제에 관해 영감을 공유하는 오피스 아워의 박상현님과 정은진님, 책이 나오면 누구보다 먼저 진심 어린 추천을 해주시는 업계 대선배 최인아 대표님. 10여 년 전 뉴욕에서 처음 만나 이제 친형제나 다름없는 준용이 형과 빅씨스 아름 누나, 시애틀의 자랑 창발 창단 멤버들, 멀리 떨어져 있지만 한시도 잊은 적 없는 고국의 내 가족과 친구들. 이분들 중 단 한 명이라도 없었다면 지금의 나는 없었을 거라 생각한다.

마지막으로 내 부족한 글을 가장 먼저 읽어주고 발전적인 조언을 아끼지 않는 사랑하는 아내에게 감사의 말을 전한다.

2021년을 마무리하는 겨울에

시애틀에서 이상인.

디자이너의 접근법;
새로고침

초판 1쇄 발행 2021년 12월 10일

지은이 이상인

펴낸이 김남전
편집장 유다형 | **기획·책임편집** 박혜연 | **본문디자인** 정란
표지디자인·일러스트 이상인
마케팅 정상원 한웅 정용민 김건우 | **경영관리** 임종열

펴낸곳 ㈜가나문화콘텐츠 | **출판 등록** 2002년 2월 15일 제10-2308호
주소 경기도 고양시 덕양구 호원길 3-2
전화 02-717-5494(편집부) 02-332-7755(관리부) | **팩스** 02-324-9944
홈페이지 ganapub.com | **포스트** post.naver.com/ganapub1
페이스북 facebook.com/ganapub1 | **인스타그램** instagram.com/ganapub1

ISBN 979-11-6809-019-4 (03320)

※ 본문 사진 출처: 이상인, www.shutterstock.com, wikipedia, Intel, Oculus, Tesla, Meta, Microsoft, Sony, Epic Games, salon.com, Rad Power Bike, Super73.com, Yeti, vog.photo, humaaans.com, news.samsung.com, w3.org, pandaexpress.com, cotenyc.com, Google, Apple, youtube.com/android, paulrand.design, youtube.com/xbox
※ 책값은 뒤표지에 표시되어 있습니다.

※ 잘못된 책은 구입하신 서점에서 바꾸어 드립니다.
※ '가나출판사'는 ㈜가나문화콘텐츠의 출판 브랜드입니다.

가나출판사는 당신의 소중한 투고 원고를 기다립니다. 책 출간에 대한 기획이나 원고가 있으신 분은 이메일 ganapub@naver.com으로 보내 주세요.